SOUVENIRS

D'UN

VÉLITE DE LA GARDE

SOUS NAPOLÉON Ier.

Extraits des manuscrits

DE

FRANÇOIS-FRÉDÉRIC BILLON

CHEVALIER DE LA LÉGION D'HONNEUR
OFFICIER DE GENDARMERIE EN RETRAITE, A UZÈS (GARD)

Par son arrière-neveu

A. LOMBARD-DUMAS

MEMBRE DES SOCIÉTÉS BOTANIQUE ET GÉOLOGIQUE DE FRANCE, ETC.

PARIS

LIBRAIRIE PLON

PLON-NOURRIT et Cie, IMPRIMEURS-ÉDITEURS

8, RUE GARANCIÈRE — 6^e

1905

SOUVENIRS

D'UN

VÉLITE DE LA GARDE

SOUS NAPOLÉON Ier

PARIS. TYPOGRAPHIE PLON-NOURRIT ET Cⁱᵉ, 8, RUE GARANCIÈRE. — 6701.

FRANÇOIS-FRÉDÉRIC BILLON, D'UZÈS

1784-1865

FRANÇOIS ...

1781-18...

SOUVENIRS

D'UN

VÉLITE DE LA GARDE

SOUS NAPOLÉON Ier

Extraits des manuscrits

DE

FRANÇOIS-FRÉDÉRIC BILLON

CHEVALIER DE LA LÉGION D'HONNEUR
OFFICIER DE GENDARMERIE EN RETRAITE, A UZÈS (GARD)

Par son arrière-neveu

A. LOMBARD-DUMAS

MEMBRE DES SOCIÉTÉS BOTANIQUE ET GÉOLOGIQUE DE FRANCE, ETC.

PARIS

LIBRAIRIE PLON

PLON-NOURRIT ET Cie, IMPRIMEURS-ÉDITEURS

8, RUE GARANCIÈRE — 6^e

1905

AVERTISSEMENT

J'ai beaucoup connu l'auteur des pages
qu'on va lire, et je l'ai vu longtemps occupé
à leur rédaction. Comme il le dit lui-même au
début de ses récits, il en entreprit la narra-
tion dans un âge bien avancé : il avait alors
soixante-dix ans. C'était en 1854. On verra cependant que sa mémoire, d'ailleurs aidée par
un cahier de notes qu'il avait prises alors qu'il
était encore retenu comme prisonnier de
guerre en Écosse, était encore fidèle : les
premières impressions de l'existence sont les
plus tenaces. Dans leur simplicité éclate la
bonne foi, la vérité, la sincérité. S'il raconte
un fait dont il n'a pas été le témoin, il dit : je

ne l'ai point vu, — mais il ne manque pas d'en indiquer la source.

Peut-être bien est-il permis de croire, lorsqu'il parle de ses aventures galantes, qu'il y met un peu trop de complaisance et même quelque exagération, mais ceci n'a rien que de personnel, l'histoire n'en a cure. Il ne s'y donne même pas toujours le beau rôle. D'ailleurs, en toute autre occasion, sa modestie est extrême : si nous n'avions retrouvé ses *États de services militaires,* il ne nous eût pas été possible de connaître le moment de ses principales actions d'éclat, sur lesquelles il ne fait que glisser. Cette modestie va même jusqu'à oublier de nous dire l'époque et les circonstances de sa promotion dans la Légion d'honneur. Aussi, avons-nous cru devoir annexer une copie de cette pièce intéressante à la suite de ses *Souvenirs.*

C'est à peine, également, si on l'entend, une seule fois et comme en passant, exprimer en quelques mots le regret de n'avoir pu suivre plusieurs de ses camarades, anciens

Vélites, comme lui, dans les hauts commandements qu'ils ont conquis pendant la durée de sa malencontreuse captivité. Il y avait certainement en lui plus que l'étoffe d'un simple *capitaine*.

Sa carrière, interrompue, comme on va le voir, par une longue détention à Cabrera, suivie de sa translation en Angleterre et en Écosse, ne fut rouverte qu'un moment, durant les *Cent Jours*. La Révolution de 1830 lui rendit les épaulettes de capitaine, que lui avaient enlevées les Bourbons, en le nommant au commandement de la lieutenance de gendarmerie de l'arrondissement d'Uzès, et c'est ainsi qu'il atteignit l'âge de la retraite.

Le capitaine Billon était alors un beau vieillard droit, un peu chargé d'embonpoint, à la physionomie riante, surtout à table où il s'entourait volontiers d'amis, ses contemporains, fins gourmets comme lui, où l'on causait batailles, chasses, littérature. Béranger, déjà trop oublié des générations nouvelles, fournissait de chansons le dessert des joyeux convives. La vie alors était douce au vieux soldat que n'avait pu entamer « la moindre blessure un peu présentable », disait-il; elle le dédommageait, un peu tard mais amplement, de ses rigueurs passées.

Toute la ville d'Uzès connaissait l'hospitalière maison de Saint-Siffret, dominant de sa haute terrasse un vaste jardin aux ombrages touffus, agrémentée d'un verger plantureux, d'une riche basse-cour, d'une cave copieusement ornée.

Quand vinrent la vieillesse et son isolement, le vaillant officier, qui avait pris part à tant de combats, eut l'idée d'en écrire le récit, à simple titre de distraction. Je l'ai vu, pendant dix ans, empiler manuscrits sur manuscrits, jamais satisfait de son œuvre et ne songeant nullement à la livrer à la publicité. Vers la fin de sa vie, à l'âge de quatre-vingts ans (il mourut à Saint-Siffret, le 25 juillet 1865), il y ajoutait encore.

Mais alors c'étaient des appréciations quelque peu incohérentes sur les hommes et les choses des temps qu'il traversait, n'ayant rien de commun avec les souvenirs du Vélite. Nous les avons donc éliminées de ses récits quand une heureuse circonstance nous a permis de réunir et de collationner les nombreux feuillets de ce travail. En même temps, nous avons essayé de rétablir, dans un ordre plus logique, les faits que la plume plus ferme de l'auteur avait décrits dix ans auparavant, mais un peu brouillés dans la suite.

C'est avec la bienveillante et affectueuse autorisation de la fille du capitaine Billon, Mme veuve Jonquet, et de sa petite-fille, Mme Émile Roux, née Laure Peladan, que nous publions aujourd'hui le résultat de cette revision. — Quoique déjà ancienne d'un demi-siècle, nous espérons que ses compatriotes trouveront peut-être encore quelque plaisir à lire l'œuvre posthume de notre grand-oncle.

A. LOMBARD-DUMAS.

Sommières, août 1904.

SOUVENIRS

D'UN

VÉLITE DE LA GARDE

SOUS NAPOLÉON Ier

Je conçois, dans un âge trop avancé pour bien faire, la téméraire fantaisie de fixer mes vieux souvenirs de jeunesse, — non point pour en tirer vanité, moins encore pour poser en historien, — je ne songe guère à la postérité, — mais simplement pour tromper les ennuis de la vieillesse et occuper les loisirs qu'elle m'a créés.

Ma solitude est souvent profonde dans la riante retraite que je me suis choisie loin de la ville et que longtemps ont égayée une jeune famille et d'aimables et nombreux compagnons de mon âge mûr. Mais tout passe, le temps fauche, le vide se creuse; seuls persistent les souvenirs. Pourquoi ne pas leur sourire comme à de vieux et fidèles amis. Ils se présentent en foule; faisons-leur bon accueil et tâchons de les exposer du mieux qu'il nous sera possible. Ils serviront de jouet au vieil enfant; ils seront le rayon de soleil qui réchauffe l'hiver du vieux soldat.

CHAPITRE PREMIER

Enrôlement dans la nouvelle formation des Vélites. — Écouen. — Les Vélites versées dans la Vieille Garde. — Sacre de Napoléon. — Trait de bonté de l'Empereur. — Mlle George. — Camp de Boulogne. — Ulm. — Munich. — Vienne. — Austerlitz. — Aventure galante.

Je naquis à Uzès le 26 mars 1784. Fils de la Révolution, j'ai vu passer sur mon pays les tempêtes de 89 et de 93. La jeunesse française, entrainée d'abord à la frontière, courant à la défense de la patrie, s'éprit des sentiments guerriers qu'elle a conservés depuis. L'étranger marchait contre elle avec le fer, elle allait à lui avec le cœur. De là son incontestable supériorité sur les soldats de toutes les autres nations européennes (1). Son intelligence, sa gaîté,

(1) Il ne faut pas oublier que les appréciations chauvines de notre ancien Vélite datent de 1856 environ, après les succès des armes françaises en Afrique et en Crimée.

L'éditeur.

comme sa constance imperturbables, même dans les revers, son intrépidité irrésistible, aujourd'hui paraissent innées chez elle et comme un don du ciel. La gloire et la pipe, la fumée de la poudre sont pour le soldat français les seuls biens enviables; il n'attend pas le baptême du feu pour se croire capable d'égaler nos plus habiles maréchaux.

L'entraînement de mes aînés me saisit à mon tour. Une passion, aussi précoce que malheureuse, accéléra d'ailleurs ma vocation pour le métier des armes. La gloire, me semblait-il, serait pour moi plus propice que l'amour. Mais la gloire est femme aussi : infidèle, ses premières faveurs sont souvent trompeuses, — bien d'autres avant moi l'ont appris à leurs dépens.

La France, alors fière des succès des armées de la Révolution et de Bonaparte, avait pris l'habitude des luttes héroïques, des combats glorieux; la guerre semblait un élément de son existence. Napoléon l'a dit : « Lorsqu'on me montrera un peuple qui vit sans pain, je pourrai croire au Français qui peut vivre sans gloire.» Il l'en nourrissait lui-même à satiété. Le Premier Consul l'avait fait glisser de la République à l'Empire. L'univers était plein du nom de Napoléon.

Mon père, qui venait d'expirer (14 mai 1804), avait été militaire. Il professait pour le jeune héros une admiration sans égale et avait su me l'inspirer. Je la transformai bientôt en culte.

Enrôlement dans les Vélites. — Je partis donc plein d'ardeur et d'ambition, le 1ᵉʳ thermidor an XII (20 juillet 1804), laissant derrière moi ma mère et un plus jeune frère. Je m'engageai dans le corps en formation des VÉLITES qui, peu de mois après son organisation, fut versé dans la Garde Impériale.

De ce corps d'élite, composé de grenadiers et de chasseurs, sortirent de nombreux officiers généraux, et, parmi eux, le plus illustre, le maréchal Bugeaud.

Les Vélites de la République romaine appar-

tenaient aux dernières classes de la société.
On les voit figurer pour la première fois au
siège de Capoue. Les Vélites de l'Empire français furent recrutés dans toutes les classes de
la société, si tant est qu'il y eût encore des
classes en France où, depuis 1789, tout était
confondu, où, depuis 1793, la Convention et la
guillotine avaient nivelé tous les rangs.

Napoléon entreprit d'instaurer une nouvelle
noblesse, mais en la composant d'éléments po-
pulaires et la basant sur le mérite. Et j'estime,
en effet, qu'un blason conquis au prix du sang
et à la pointe d'une épée bien dirigée surpasse
en valeur celui fourni par le hasard de la naissance. La France est avide d'égalité. Napoléon
la lui garantit par son Code immortel. Sa nouvelle noblesse, d'ailleurs, était dépourvue de
prérogatives; par là, elle différait essentiellement de l'ancienne, mais elle se parait avec
raison des distinctions et des titres gagnés sur
le champ de bataille.

Je quittai ma mère et mon frère presque

sans regrets, tant j'avais hâte de m'élancer vers un avenir si rempli d'espérances; mon aventureuse imagination identifiait déjà ma carrière à celle de l'Empereur!...

Écouen. — Nous fûmes dirigés sur le château d'Écouen, restauré et agrandi du temps de François Ier par le connétable Anne de Montmorency, sur le plateau qui domine la petite ville. Ses restes gothiques semblaient encore imprégnés d'une antique odeur féodale.

C'est dans l'enceinte de ce château que fut jadis débattue, nous racontait-on, la question de savoir si l'on retiendrait en France l'empereur Charles-Quint, alors que, se fiant à la bonne foi de son rival François Ier, il venait de se fourrer volontairement dans cette souricière, ou bien si toute liberté lui serait laissée.

A peine installés dans cette vaste demeure, notre éducation militaire commença; elle fut tôt et facilement terminée. En peu de temps, nous atteignîmes le degré de science et d'habileté des vieux soldats de la Garde. Nous étions commandés par d'excellents chefs. Parmi eux, dans les chasseurs à pied, le général Gros, de Carcassonne, se distinguait comme instructeur et manœuvrier. Militaire accompli, juste, honnête et brave, ses qualités ne le sauvèrent pas de la sotte raillerie de certains de ses contemporains. On lui prêtait quelques ridicules, mais il sut les dédaigner. Un jour, répondant à l'Empereur, il avait eu la distraction d'employer les mots de « monsieur Sire » ! Quelle énormité aux yeux du noble faubourg Saint-Germain ! Quelle occasion de mordre à belles dents sur la haute réputation de nos chefs et de l'état-major de l'Empire. « Monsieur Sire !... »

> Rien que la mort n'était capable
> D'expier ce forfait.

Mais si les badauds, les railleurs, les envieux avaient pu contempler l'intrépide général debout, devant toute l'armée, sur un débris des murailles de Dresde (1813), sabrer à grands coups l'ennemi, se faire un rempart de cadavres, couvert de vingt ou trente blessures et, malgré tout, conserver le poste confié à sa valeur, la malignité eût certainement fait place à l'admiration.

Au surplus, et comme tant d'autres à qui faisait plus ou moins défaut une instruction que les événements avaient tronquée et qui sentaient le besoin de cultiver leur nature un peu fruste, M. Gros avait beaucoup travaillé, et je me souviens avoir lu de lui un rapport que mon brave capitaine Sicard me communiquait un jour, lumineux de simplicité, de bon sens, de justesse, où le général exposait ses vues sur les réformes à introduire dans l'administration des chasseurs à pied. L'Empereur se hâta de mettre en vigueur des idées si bien conçues.

Nous avions aussi à l'École d'autres chefs qui savaient nous inspirer l'amour du futur empereur, amour qu'on nous a reproché tant de fois d'avoir poussé jusqu'au fanatisme. Le vaillant maréchal Bessières vivait au milieu de

nous. Il adorait Napoléon et semblait s'être
donné à tâche de nous occuper toujours de
Lui, du grand homme. Sans cesse il nous entretenait de ses belles et généreuses pensées :
« Quand viendra-t-il le temps où seule la justice régnera?... Quand finira ma dictature?... »
Il nous rapportait les anecdotes, les nouvelles
de la cour naissante autour de lui; il nous
le représentait comme le premier soldat du
monde et sa gloire comme étant la nôtre. En
fallait-il davantage pour enflammer notre imagination !

L'Institution des Vélites chasseurs fut rem-
placée au château d'Écouen par les Demoiselles
de la Légion d'honneur; elles y vinrent au
nombre d'environ quatre cents. Belle institution, généreux élan de la grande âme de
Napoléon et qui fut suivi de tant d'autres.

Je me rappelle qu'en abandonnant ce séjour
pour faire place aux belles, nous avions gravé,
à leur intention, sur l'écorce des plus grands
arbres du parc, certaines sentences, figures,

devises et maximes de troupiers, pas toujours édifiantes et même quelque peu scabreuses. Mais comme l'installation de ces Demoiselles n'eut lieu qu'après Friedland (1807), j'espère que le temps avait effacé déjà les traces de cette gaminerie.

Les Vélites versés dans la Vieille Garde. — En arrivant à Paris, nous fûmes amalgamés dans la Vieille Garde, dans ce célèbre corps tout composé de l'élite des soldats de la République, et qui n'eut point d'égal pour la vaillance. Et je dois dire que notre présence ne parut point trop nuire à sa belliqueuse composition. Notre conduite et notre aspect provoquèrent à Paris une admiration générale.

D'ailleurs on avait doublé chaque jeune Vélite d'un ancien pour lui servir de guide. En reconnaissance de ses bons avis, nous rendions de notre côté divers petits services à ce mentor, le plus souvent illettré. Nous composions leurs épîtres amoureuses, et, mis ainsi dans leurs petits secrets, il nous était facile d'en abuser quelquefois auprès de la *Particulière*.

Sacre de l'Empereur. — Très peu après notre arrivée dans la capitale, j'assistai au sacre du premier empereur des Français (2 décembre 1804). Le pape Pie VII laissa Napoléon se couronner lui-même et poser ensuite le diadème sur le front de Joséphine. Pie VII était un saint prélat, un bon homme, fort ami de Napoléon qui l'estimait aussi beaucoup. Mais tout le zèle du Saint-Père, étalant sa pompe judaïque (Samuel avait versé l'huile sainte sur la tête de Saül), ne pouvait rien ajouter à la gloire du héros. Il eût été curieux, en cette circonstance, d'entendre se renouveler la défense adressée aux Français par l'un des prédécesseurs de Pie VII, le pape Étienne, au sacre de Pépin : « Je vous interdis, sous peine d'excommunication, de vous donner jamais des rois d'une autre race. » Nous eussions bien ri de pareille défense, tandis que le destin, hélas! eût ri de notre confiance.

L'allégresse était alors unanime dans la capitale; le peuple faisait retentir les échos de ce refrain naïf :

> Napoléon est empereur !
> Voilà ce que c'est que d'avoir du cœur !

Ce soir-là, les places publiques, les rues, la façade des palais comme des plus humbles demeures étaient éblouissantes de lumières. Jamais l'avenir n'apparut aux Français plus rempli de bonheur et de gloire.

Je suivais avidement la cérémonie dans l'immense nef de Notre-Dame. Les princes étrangers, italiens, allemands, comme tous nos ambitieux de France, les yeux fixés sur le nouvel astre, s'efforçaient de se placer en évidence, semblant humblement implorer un de ses regards comme un rayon, tandis que mon chef de bataillon, Barbanègre (1), un des Maîtres de la cérémonie, interrompant parfois les efforts de ces grands seigneurs pour at-

(1) Barbanègre, 1772-1830; colonel à Austerlitz; général à Wagram.

teindre aux meilleures places, comme il l'a fait depuis dans sa mémorable défense d'Huningue, entassait pêle-mêle tous ces nouveaux adorateurs.

Barbanègre était en ce temps-là officier supérieur préposé à l'habillement. C'est lui qui m'aida à essayer mon premier uniforme.

Nous étions très à portée de bien voir les principaux acteurs du sacre, l'Empereur et l'Impératrice Joséphine. Celle-ci, adorablement belle encore et heureuse, ne parvenait pourtant pas à effacer entièrement de sa touchante physionomie une douce mais profonde mélancolie.

En revanche, une immense coquetterie dominait tout son cortège féminin, dont la mine altière contrastait avec la calme modestie de la souveraine. Les regards hautains de ces dames furetaient jusque dans nos rangs et semblaient quéter fièrement l'admiration qu'on avait à peine le temps de leur accorder. Cette attitude faisait dire à mon voisin, le fameux

caporal Lagorce : « Toutes ces poupées ressemblent à des pauvresses qui ordonneraient
qu'on leur fasse la charité ! »

Lagorce était un type fort original de nos
troupiers, vieux grognards de Napoléon, braves
parmi les braves, connaissant toutes les physionomies de l'armée, tous les caractères, les
bons, les douteux, les mauvais de ceux qui
composaient la nouvelle cour impériale, l'administration, la police. Leurs diagnostics étaient
souvent très justes, leurs jugements parfois
prophétiques. Ils ne se sont point trompés sur
l'avenir politique de plusieurs d'entre eux, de
Fouché, de Talleyrand, par exemple.

« Ah ! voici l'archichancelier, me disait
Lagorce en désignant *Cambacérès*. Comme il
bisque de se voir si cocassement ficelé... C'est
le *Tondu* (l'Empereur coiffé à la Titus) qui lui
a fait cette farce. Mais qu'il y prenne garde, le
cher Tondu : il a affaire à une pratique à ménager, malin, vindicatif. C'est lui qui agrafe
les ambassadeurs et sait les retourner en
manche de veste. Le particulier connaît mieux

que tout autre diplomate l'art de filer la plus fine trame de bagout pour jeter de la poudre aux quinquets des souverains et même à ceux de son maître, si l'envie lui en prenait... à ce que Dieu ne plaise! » ajoutait-il dans une menace.

« Et celui-ci (*Talleyrand*), avec sa longue épée qui lui démolirait les mollets s'ils étaient présents, et ses bas rouges, et ses souliers à rosette, et ses rubans de toutes couleurs, et cette queue en trompette! Est-il donc drôle! c'est encore notre cher *Tondu* qui l'a ficelé de la sorte, et il n'en a pas l'air content. — Je n'aime point ce particulier-là... on n'a jamais pu rien déchiffrer sur 'cette frimousse de métal. Lannes a bien raison de répéter que si quelqu'un s'avisait de lui flanquer le pied au derrière quand il dit la messe, son visage n'en trahirait rien.

« Et regarde donc un peu cet autre, si richement laid! (*Fouché*). — Oh! pour celui-là, la calomnie la plus noire aurait beau se ruer dessus, elle en dirait moins que cette face patibulaire. Rien ne peut lui faire autant de tort que son visage, si ce n'est sa réputation. Et c'est pourtant le Ministre suprême de la Police. Si j'avais jamais affaire à ce grand, ce haut et puissant Monseigneur de fraîche date, je lui tournerais le dos comme à une fontaine ! je le méprise comme un verre d'eau. »

♦ « Mais voilà notre Petit Caporal qui passe Empereur ! La couronne ne lui sied point mal et ne semble pas le gêner. Et dire que son brosseur en chef a la consigne de lui porter ses chapeaux neufs pendant un mois ou deux pour les assouplir et lui éviter le mal de tête.

« Ah ! voici le Saint-Père. Il ne nous épargne pas les salamalecs. »

Ainsi parlait mon vieux caporal Lagorce, l'un de nos plus éloquents ciceroni. Tous, d'ailleurs, comme lui, se faisaient un plaisir de nous instruire sur le personnel de la Cour et sur le trantran journalier du service.

Le soir, avant le roulement du tambour pour l'extinction des chandelles, ils nous racontaient leurs guerres d'Allemagne, d'Égypte, d'Italie; la machine infernale, les attentats contre leur Empereur; les arrestations de Moreau, de Pichegru, de Georges Cadoudal; l'exécution du duc d'Enghien. — Au sujet de ce crime, qu'on reproche toujours à la mémoire de Napoléon, j'ai entendu de mes oreilles, un soir où j'étais de garde à la porte de l'École, le maréchal Bessières dire à je ne sais qui (il était presque nuit) : « Je crois être certain que l'Empereur eût accordé la grâce du duc si on lui en avait donné le temps. Du reste, on saura tout par Savary. » — Enfin, nos braves instructeurs nous parlaient des conspirations des Bourbons et de l'Angleterre, et blâmaient hautement la trop grande longanimité du cher Tondu, qui aurait pu, *avec aisance et facilité,* disaient-ils en leur style fleuri, acheter bien des têtes, et à bon marché.

A propos du sacre, auquel nous venions d'assister, ils nous racontaient que, lors de la cérémonie religieuse qui suivit la signature du Concordat (1801), une quarantaine de géné-

raux, encore républicains, avaient affecté de
rester assis au moment de l'Élévation. Mais
leur attitude avait été bien différente pendant
le sacre, où l'Empereur n'eut pas la plus
légère marque d'impiété, ni la moindre irré-
vérence à leur reprocher, au contraire ! Lagorce, qui les connaissait bien, disait pourtant qu'il répondait mieux de la sincérité de
leurs grimaces que de la franchise de leur dévotion. Et en effet, plusieurs de ces messieurs ont
sali leurs jeunes blasons à l'époque de nos
revers.

Trait de bonté de Napoléon. — Je crois devoir
placer ici un trait remarquable de la bonté de
Napoléon. Je le tiens des chasseurs à cheval de
son escorte. Il n'a point été démenti. L'Empereur allait à Saint-Cloud ; le prince Murat était
en voiture avec lui. Tout à coup, une femme
éplorée se jette devant les chevaux. On arrête.
La malheureuse, sans se préoccuper du danger
qu'elle court, supplie à genoux l'Empereur,
demandant grâce pour son mari qui vient

d'être condamné à mort. Les témoins de cette scène virent alors sur la physionomie de l'Empereur se refléter en un clin d'œil tous les sentiments de son âme agitée : pitié, impatience, admiration, désir de faire grâce, crainte d'affaiblir la portée des lois qu'il venait de promulguer. « Malheureuse, s'écria-t-il, vous allez vous faire écraser !... Madame, votre mari est coupable puisqu'il a été condamné. Retirez-vous... on verra ! » Et ce soldat, que n'ont jamais troublé les plus graves situations, faillit perdre la tête devant le danger que bravait cette femme courageuse et dévouée. Mais, se tournant aussitôt vers le grand-duc de Berg : « Pensez-vous, lui dit-il, qu'un homme capable de commettre un forfait puisse inspirer un si héroïque dévouement? — D'ailleurs, n'est-ce pas aujourd'hui l'anniversaire d'Arcole ! Ma foi, en faveur d'un tel saint, sauvons l'innocent... ou le coupable. » Et l'Empereur fit grâce.

Mademoiselle George. — Pendant mon séjour à Paris, au milieu de toutes les séductions et

les merveilles de la capitale, je n'en vis qu'une :
Mlle George, la célèbre actrice du Théâtre-
Français! J'en devins amoureux fou! J'allais la
voir tous les soirs sur la scène. J'avais alors
vingt ans à peine, et j'aurais pourtant donné
le reste de ma vie pour une nuit de cette
femme.

Un jour, étant de faction au palais de l'ar-
chi-trésorier (*général Lebrun*), rue Saint-Ho-
noré, je remarquai sur la physionomie d'ordinaire très joviale du portier quelques signes de
préoccupation et d'inquiétude. Je lui en demandai la cause. Il m'avoua confidentiellement son
embarras : Monseigneur l'avait posté sur l'escalier pour surveiller, sous peine d'expulsion,
les faits et gestes de son fils. Or, chacun savait
que Mgr le duc de Plaisance, d'une probité
proverbiale et d'une justice éclairée, était d'une
sévérité sans limites sur le respect de la consigne. — Plût à Dieu que l'Empereur n'eût
jamais été entouré que de cette race d'hommes!
— Au moment même où le brave homme me
faisait cette confidence, il est mandé chez

Monseigneur. Tournant aussitôt mes yeux sur l'hôtel vis-à-vis, — que le portier paraissait surveiller particulièrement, — j'aperçus très distinctement et reconnus, derrière une jalousie du premier étage, la superbe Mlle George, mon adorée, qui avait l'air d'attendre avec une vive impatience.

En même temps, un beau jeune homme, en capote de cavalerie, descendait quatre à quatre l'escalier du palais que le portier venait d'abandonner, traversa la rue d'un bond et s'engouffra dans l'hôtel d'en face. « Connu, connu! me dis-je tout bas, et bien joué!... Le portier n'en saura rien. » Mais comme alors j'enviais le bonheur du beau cavalier! Je ne sais s'il était l'amant de la grande actrice, mais il est certain que nul mortel n'eût dédaigné d'en être le dernier (1). Depuis bien longtemps me voilà dépouillé des plumes du tourtereau, mais je

(1) Le jeune Vélite ignorait sans doute que Mlle George avait compté Bonaparte au nombre de ses premiers adorateurs.

L'éditeur.

sens encore, au souvenir de cette scène de jeunesse, se réchauffer le sang de mes vieilles
années.

Camp de Boulogne. — Le métier de soldat,
de nos jours abrutissant en garnison, ne l'était
point à cette époque : une guerre n'attendait
pas l'autre ; nous restions sans cesse sur le qui-
vive.

Après le sacre, beaucoup de nos Vélites
furent envoyés à Milan pour assister au cou-
ronnement de l'Empereur comme roi d'Italie ;
le reste fut destiné au *Camp de Boulogne*. Afin
d'être certain de faire partie de ces derniers,
je m'étais porté malade au moment du départ
des autres. Il était question d'une invasion en
Angleterre, je tenais essentiellement à être du
nombre des envahisseurs.

A Boulogne, on nous campa non loin de la
mer ; l'Empereur habitait un château, le Pont-
de-Brique, situé sur la route de Montreuil et à
douze lieues de Boulogne. Il vint, le 27 thermidor (15 août 1804), nous passer en revue à

Vimereux et distribuer avec grande solennité la nouvelle décoration de la Légion d'honneur, dont les insignes lui étaient présentés par un page dans les casques même de Bayard et de Duguesclin.

Nous étions là cent mille hommes affamés de gloire et considérant comme bien inférieure à la nôtre l'armée tant vantée de Philippe-Auguste qui, en 1212, avait entrepris contre Jean-sans-Terre une descente pareille à celle que méditait Napoléon... L'armée de Bouvines valait-elle celle de Marengo ; les serfs composant l'infanterie du vieux roi de France étaient-ils comparables aux vieux restes de nos quatorze armées républicaines !...

On nous exerçait tous les jours aux manœuvres de l'embarquement et du débarquement. Joyeux et pleins d'entrain, nous remplissions tour à tour sur l'eau les fonctions de canonniers, de fusiliers, de marins ; au camp, deux fois la semaine, nous exécutions les grandes manœuvres. Elles duraient presque toute la journée. Les heures de repos étaient consacrées à la réparation des barques.

C'est sur l'une d'elles, la péniche n° 110, qu'à l'occasion d'une fausse sortie, je savourai pour la première fois le parfum de la poudre, et aussi que je reçus le baptême du feu. Chose pénible à dire, mais je dois l'avouer : j'eus peur! La brutalité des boulets, le sifflement des balles, le péril qui se reproduit sous toutes les formes, les cadavres qui s'amoncellent autour du conscrit lui font d'abord battre le cœur. Mais il en prend bientôt l'habitude. Le regard scrutateur des anciens, leur sourire moqueur, la crainte du ridicule finissent par chasser la peur, et l'on en vient à rechercher le danger. Depuis, j'ai assisté à plus de cent combats ou batailles sans avoir reçu jamais la moindre blessure un peu présentable; et cependant, je puis le dire en toute conscience : si je n'ai pas été tué maintes fois, ce n'est pas sans que je m'y sois exposé!

Les marins de la Garde servaient les bateaux plats que nous montions. L'aspect de ces hommes de fer, enfants de l'océan et de la

tempête, aux figures insouciantes et débon-
naires, rudes aussi, intrépides surtout, nous
rassurait et nous donnait l'exemple. Comme
eux nous rêvions de nous partager les trésors
de l'Angleterre et d'exterminer l'Anglais. Aussi
fallait-il voir, à chaque départ avec embarquement complet, comme nous y allions de bon
cœur. Malheureusement, ce n'était jamais
qu'une feinte; et quand se faisait entendre
l'ordre du retour, quel mécontentement et
comme nous étions capots, après avoir serré
les côtes de cette riche Albion, promise à notre
valeur, quelquefois d'assez près pour distinguer ses préparatifs de défense, ses ouvrages
fortifiés hâtivement élevés, ses bâtiments innombrables, de toutes dimensions et de tous
rangs, prêts à nous accabler de leurs feux.

Cependant nos coquilles de noix empêchaient
les Anglais de dormir. Une de leurs caricatures
représentait leur souverain avançant sur les
bords de la Manche, monté sur un beau navire
et jetant vers la France une racine de bette-
rave qu'il tenait à la main, en lui disant : « Va

leur faire du sucre ! » Allusion satirique au blocus continental qui nous privait de cette den-
rée, et à l'espoir que Napoléon fondait sur cette
culture pour remplacer la canne coloniale.
Pitt nourrissait de graves inquiétudes et répé-
tait souvent (je l'ai su depuis, pendant ma
captivité en Angleterre) : «'Il ne peut y avoir
de sécurité, ni de salut pour nous, avec un
homme qui a toujours plein la tête de ses projets d'invasion. »

J'ai du reste cent raisons de penser que Pitt
n'avait pas tort d'avoir peur de nous. Aussi,
pour empêcher notre débarquement et dé-
tourner de l'Angleterre l'attention et les forces
de l'Empereur, imagina-t-il une nouvelle coalition sur le continent. L'or anglais servit à
acheter la mercenaire et sordide Autriche.

Il était d'ailleurs facile de rallumer le feu
mal éteint de la haine au cœur de cette monar-
chie perfide, avare et besogneuse, jalouse des
nombreux succès de nos armes, avide de vengeance. Mais tant de passions ne nous la rendaient pas plus redoutable. Nos vieux soldats

la dédaignaient et prédisaient avec certitude sa prochaine et facile défaite. Aussi, nous, les jeunes Vélites, marchions-nous contre elle avec une telle confiance que jamais ne nous vint l'idée de supputer sa force numérique. Et nous chantions gaîment :

> Les Autrichiens disent tout bas :
> Allons vite en besogne ;
> Prenons, tandis qu'ils n'y sont pas,
> L'Alsace et la Bourgogne.
> Ah ! tu t'en souviendras,
> La ri ra !
> Du départ de Boulogne !

En effet, la rapidité de cette expédition, comme l'importance de ses résultats, tinrent du prodige...

Ulm. — Ulm tomba le 17 octobre 1805 ; le général Mack se rendit à discrétion avec trente mille hommes, restes de son armée, qui, joints à une vingtaine de mille autres déjà pris dans les différentes affaires qui précédèrent la capitulation d'Ulm, formaient le joli contingent de cinquante mille prisonniers autrichiens. Nous fûmes chargés de les diriger sur la France. Partout où nous passions, là surtout où les Russes avaient séjourné avant nous, nous étions reçus avec bienveillance et nombreuses démonstrations amicales. Nos *kaiserlicks* prisonniers, enchantés de la situation, nous disaient gaiement en désignant la France : « Nous allons boire votre vin! » Et tout aussi heureux, nous leur répondions : « Et nous, caresser vos belles. »

Munich. Vienne. — Nous entrâmes à Munich le 26 octobre, et, le 13 novembre, à Vienne, où, par une singulière ignorance aidée d'un épais brouillard, nous confondîmes les faubourgs avec la ville.

Rien ne nous arrêta plus jusqu'à Austerlitz.

Austerlitz. — Au matin de ce jour qui devait être si glorieux (2 décembre 1805), Napoléon nous apparut soucieux et sombre. Mais sa préoccupation ne fut pas de longue durée :

bientôt sa physionomie reprit un air serein, calme, rassuré. Depuis il a expliqué cette courte inquiétude : de l'heure plus ou moins rapprochée de l'attaque pouvaient dépendre un éclatant succès ou des résultats plus ou moins utiles. — Nos vieux de la Garde, qui approchaient très souvent le héros, prétendaient lire sa pensée dans ses yeux : ils y lurent à ce moment l'assurance de la victoire.

Les Russes venaient de commencer d'attaquer par notre droite, où commandait Davout avec la seule division Friant. Ils ne parvinrent pas à l'entamer. Lannes commandait l'aile gauche, ou *point de pivot,* en terme stratégique ; Soult formait le centre ; Bessières la réserve.

Le soldat russe est solide, mais lourd et gauche ; son attitude est défectueuse : il porte la tête inclinée vers le sol ; d'ailleurs, se battant bien. Mais à Austerlitz son admirable résistance fut mal secondée par la tactique fautive de ses généraux.

Il y avait là, en présence, quatre-vingt-dix mille Austro-Russes dirigés par Alexandre et

Kutussof, contre soixante mille Français, mais des bons, et commandés par le Petit Caporal en personne, avec son petit chapeau et sa redingote grise. Sa seule présence enflammait tous les cœurs, et faisait de ses lieutenants des hommes de génie; les rois le savaient bien quand ils l'avaient surnommé le *Cent mille hommes*.

Nos soldats enfoncèrent l'armée russe par le milieu, sur les hauteurs de Pratzen. Tout fuyait. Le lac de Socolnitz (1), couvert d'une glace fort épaisse, paraissait devoir faciliter sa retraite. Les Russes s'y précipitèrent imprudemment avec artillerie et bagages. Mais une batterie de la Garde, placée au bord du lac, tira sur eux, d'abord sans grand effet : les boulets ricochaient sur la glace, sans la rompre. Napoléon survint. Nous le suivions.

(1) Le nom du lac autrichien où Napoléon engloutit une partie de l'armée ennemie est autrement désigné par les historiens antérieurs à notre publication, mais il est juste de dire qu'eux-mêmes ne sont pas d'accord entre eux sur le nom à lui donner.

L'éditeur.

A la vue de cette folle retraite, je l'entendis s'écrier plusieurs fois : « Ils vont tous se noyer! » Et, jugeant avec la sûreté de son coup d'œil le boulet inefficace en cette circonstance, il ajouta vivement : « Ce ne sont pas des boulets qu'il faut leur envoyer, mais des obus à...» Je ne pus entendre la suite, mais il voulait évidemment parler de la courbe des projectiles.

Une foule d'ennemis trouva son tombeau dans ce lac. Et cependant, j'ai vu l'Empereur lui-même donner la main aux soldats de sa Garde pour les aider à tirer de l'eau le plus grand nombre possible de Russes, et les encourager par l'exemple et la parole.

Je vis aussi le vaillant général Rapp, miraculeusement échappé de la mélée, accourir vers l'Empereur, superbe d'animation, couvert de sang et de blessures, le sabre rompu, un tronçon retenu par la dragonne pendant à son poignet, tel, en un mot, que le représente le peintre Gérard dans son célèbre tableau, *la Bataille d'Austerlitz*.

Le maréchal Soult, passant devant notre

front de bataille, demanda avec intérêt si les chasseurs avaient donné (il était colonel honoraire de ce corps). La réponse ayant été piteusement négative : « Tant pis, fit-il, c'est une belle occasion de perdue! » — « Ils la retrouveront, s'écria à deux pas de nous une voix bien connue; en attendant, monsieur le Maréchal, ajouta l'Empereur, je vous dois des éloges pour vos belles et savantes manœuvres. Vous êtes passé maître! » — « J'accepte le compliment, répondit Soult, quelque flatteur qu'il me paraisse, car on dit que Votre Majesté s'y connaît. »

Ce jour-là, Napoléon ne fut point avare de ses compliments. Il dit familièrement aussi au général Saint-Hilaire : « Je vois que vous savez vous passer de réserve! Une autre fois, vous n'en aurez point. » — C'est encore ce jour-là que le grand homme dota chacun de ses soldats du surnom de *Brave*.

Le soir, en traversant le champ de bataille pour aller établir nos bivouacs sur une hauteur voisine, nous pûmes juger des hideux effets de la guerre. J'en fus péniblement et profondément ému.

Les blessés russes et les blessés autrichiens avaient chacun une manière différente d'exprimer leurs souffrances; on les reconnaissait à leurs cris : les Autrichiens faisaient retentir l'air de lamentations où se mêlait toujours le doux nom de Jésus; leurs farouches alliés poussaient de rauques gémissements comme les mugissements du taureau.

Mon caporal Lagorce, vrai sans pitié, prétendait qu'il y avait une troisième façon de les distinguer : le Russe, expliquait-il en son insouciant et méprisant langage, tant qu'il respire, exhale à dix pas un fumet qui lui est propre, mélange de suif, de tabac et de schnick; le fumet cesse alors seulement que la bête est profondément enfouie. — Il avait pourtant lui-même la passion du tabac : je l'ai vu un jour de grande misère bourrer son brûle-gueule avec du crottin de cheval; et celle du vin aussi, et c'est souvent par là que je le prenais.

A cette époque de ma jeunesse, j'avais encore la naïveté de penser qu'un soldat ne doit jamais laisser passer une occasion de faire un peu de bien, même à ses ennemis, de soulager quelque misère, en compensation de tout le mal qu'il cause dans sa passive coopération. — Je portais toujours sur moi, conservé précieusement intact pour les grandes occasions, un flacon de rhum mêlé de sucre. Il faisait l'envie de tous mes camarades. Lagorce, dont le culte ne s'adressait qu'à Bacchus, en l'honneur de ma bouteille me courtisait assidûment, ne savait rien me refuser.

En l'accompagnant ce soir-là au bivouac, je lui promis la moitié de mon flacon s'il consentait à me suivre sur le champ de bataille et m'y aider à soulager quelques-uns des malheureux blessés qui nous paraîtraient pouvoir encore être ranimés. A ce prix-là, Lagorce m'eût suivi partout. Il accepta donc avec empressement, quoiqu'il trouvât fort ridicule l'idée de prodiguer ainsi ma divine liqueur à des pauvres gens désormais incapables de l'apprécier. Chaque fois que je venais d'humecter les lèvres de quelque malheureux blessé, Lagorce mesurait à la lueur du crépuscule la brèche faite au flacon et murmurait : « Quelle sottise de prolonger ainsi leurs souffrances ! Laisse-les donc mourir en paix. » Enfin, quand la bouteille fut à moitié vide : « Assez, maintenant, fit-il avec un long soupir de satisfaction, le reste est pour moi. » Et, me l'enlevant des mains, le flairant, le caressant, à petites gorgées il commença d'en savourer le contenu avec cette sage lenteur qui sait faire durer le plaisir. « Cré coquin, qu'il est bon ! monologuait-il avec onction ; quel meurtre de laisser engloutir par ce tas de dévots fanatiques un pareil breuvage. Il est divin, divin ! » Puis, reprenant le flacon : « Un agneau se désaltérait dans le courant d'une onde pure ! » faisait-il en ricanant. — « Dieu de Dieu ! il donnerait la soif à un hydrophobe enragé. Ce n'est malsain que pour les pauvres diables qui vont passer l'arme à gauche. » Et faisant voluptueusement claquer sa langue : « Allons-nous-en, dit-il, assez causé! Voici le brouillard. » Et bras dessus, bras dessous, nous regagnâmes le bivouac, très satisfaits l'un et l'autre, mais pas pour les mêmes raisons.

Cependant, quelques corps français sur les talons des Russes les poursuivaient l'épée dans les reins. Dès les premières lueurs du lendemain, nous étions sur le point de partir pour tourner une hauteur où s'étaient amoncelés les débris de l'armée ennemie, dans l'espoir d'y trouver une issue pour la retraite, et nous espérions bien que cette manœuvre allait leur coûter plus cher encore que la bataille, car leur empereur Alexandre était là.

Mais on parla beaucoup à ce moment de certain petit billet, écrit au crayon par Alexandre lui-même à l'adresse de Napoléon. On n'attendait, disait-on, pour le lui remettre, que sa sortie du moulin où il avait passé la nuit en conférence avec François II. Nous recueillions avidement tous les bruits qui circulaient à mesure qu'ils tombaient des lèvres de nos officiers, tout aussi impatients que nous de connaître la suite à donner à la brillante journée d'Austerlitz.

Tout à coup, on annonce la paix!... Ce fut une consternation générale! C'était un vol fait à la victoire. Nous attendions mieux de tant d'efforts. J'entendis le général Soulès, commandant en chef des chasseurs à pied, — qui, depuis, fut comte et sénateur, et traître à l'Empereur en 1814, — murmurer entre ses dents ces paroles prophétiques : « Oui! va, fais-leur grâce. Le repentir viendra plus tard! »

On ne voyait en effet d'autre conséquence à cette paix intempestive que le salut d'Alexandre et des débris de son armée. Nous venions de lui prendre d'un seul coup de filet quarante mille hommes, sans compter les morts et les noyés. De pareils coups, on n'en fait plus de nos jours. — L'Algérie a été pour l'armée française une pépinière de valeureux soldats et d'habiles commandants, mais, à l'exception de Bugeaud, les généraux qui en viennent ne connaissent pas la grande guerre. Cette science ne s'improvise pas.

La paix fut donc pour nous une amère décep-
tion, une sorte de revers après la victoire.

Pauvre Garde impériale! que de fatigues
elle endurait. A peine avions-nous atteint la
halte ou le cantonnement indiqués comme
lieu de repos, voilà toujours quelques batail-
lons obligés de s'arracher aux douceurs du
bivouac pour suivre au pas de course, ventre
creux, parfois dans la neige, la magique redingote grise. Elle était bien décrépite et fripée,
cette célèbre redingote : tout son côté droit
n'était qu'une loque brûlée aux feux des camps;
mais telle qu'elle était, je l'ai souvent admirée et
vénérée comme une relique. — A la campagne
de 1806, nous vîmes l'Empereur paré d'une
capote neuve, grise aussi, mais agrémentée
cette fois de fourrures. « Voilà, dîmes-nous,
tout ce qu'il a pu tirer d'Alexandre pour lui
avoir permis de fuir, lui, sa cour et ses
cosaques! »

Aventure galante. — Après l'entrevue des

deux empereurs, on nous envoya camper dans les villages et les bourgs voisins. En arrivant à celui qui nous était dévolu, il faisait nuit noire. Nous devions loger militairement, ce qui veut dire que chaque compagnie doit partir à la débandade et chaque escouade conquérir son propre nid. — Notre mauvaise étoile nous conduisit chez un pauvre savetier qu'une terreur panique avait fait fuir ses foyers, comme tous les autres habitants du bourg. Il n'avait, semblait-il, laissé dans son réduit que ses dieux lares : quelques vieilles savates éparses sur le sol. Cruel désappointement !

Mais le soldat, quand il a faim, devient furet, rien n'échappe à ses recherches. La maison n'était pas grande ; elle fut vite retournée sens dessus dessous, mais sans plus de résultat : rien à mettre sous la dent. Découragé, je pris le bras de mon vieux Lagorce, et nous étions sur le point d'aller chercher fortune ailleurs, quand j'aperçus, en traversant un ciel ouvert pratiqué au centre de la misérable cassine, une lucarne un peu haute qui me parut recéler quelque mystérieuse aubaine. Nous résolûmes aussitôt d'explorer ce coin inconnu.

Prévenir les camarades, rentrer vivement, allumer le bout de chandelle dont nous étions toujours munis fut l'affaire de quelques secondes. Mais le difficile était d'atteindre la haute ouverture. J'étais le plus jeune, le plus leste de la troupe, on me fit la courte-échelle et, au risque de me rompre le cou, je parvins au but.

D'abord, à la faible lueur de la chandelle fixée sur mon chapeau, je ne distinguai qu'un grenier plein de paille. C'était déjà bien quelque chose : nous étions sûrs au moins de ne pas coucher sur la dure. Je me mis aussitôt en devoir d'en jeter une bonne provision aux camarades qui la recueillaient à mesure, quand, au moment de terminer ma besogne, j'entends un léger bruit qui semble partir d'un coin de la mansarde. J'approche, et je vois distinctement, blotties derrière la paille, deux adorables jeunes filles, à peu près du même âge, vers les vingt ans, effarées, tremblant comme la feuille, les mains jointes dirigées vers moi, suppliantes, demandant grâce.

Surpris autant que charmé, je m'approche respectueusement, et, à voix basse, je m'efforce de les rassurer. Mais le tintamarre qui se faisait en bas n'était guère propre à seconder mes efforts. Elles continuaient d'avoir grand'peur.

J'entendais à peine l'allemand; je n'en balbutiais que les mots de première nécessité. Cependant, je parvins à faire comprendre à mes deux tendrons que s'il était possible d'envoyer à ces affamés quelque provision pour calmer leur faim, ils s'éloigneraient sans doute, et que dès lors il me deviendrait facile de les soustraire elles-mêmes au danger qu'elles pressentaient et qu'elles semblaient redouter, avec quelque apparence de raison.

Tout de suite elles se mirent à fouiller une certaine cachette et bientôt mes pauvres diables de camarades reçurent de moi, comme une manne tombant du ciel, galettes, pommes de terre, fruits et jambonneaux. Ils s'éloignèrent, hors de joie.

Au silence qui se fit après eux, les deux pauvrettes, transportées de reconnaissance, me sautèrent au cou en même temps, m'enlacèrent de leurs beaux bras d'Allemandes, me couvrirent de leurs baisers. Je ne savais à laquelle des deux rendre tant de si douces caresses, car, quoique troupier, il me restait encore quelque pudeur. Pourtant, ma jeunesse et ma vertu subirent là une rude épreuve, je l'avoue, mais je fus héroïque. J'avais laissé en France une grosse partie de mon cœur, ce fut mon talisman, ma sauvegarde, et celle aussi de mes deux jolies prisonnières. Et d'ailleurs, « que vouliez-vous qu'il fît contre... deux! »

Pour me débarrasser de cette cruelle position, qui aurait bien pu ne pas rester longtemps tenable, je leur fis entendre que mon absence prolongée inquiéterait mes camarades, pourrait les faire retourner à ma recherche et découvrir enfin leur retraite. Cette pensée les médusa. Je leur promis, quoique bien décidé à n'en rien faire, de revenir bientôt auprès d'elles. A l'aide de l'échelle qui leur avait servi à gravir ce refuge et qu'elles avaient retirée ensuite, je descendis, comptant bien ne plus les revoir.

Mes compagnons, pressés par la faim, n'avaient pas attendu mon retour pour commencer le dîner, ils étaient bien excusables. Je fus acclamé. Lagorce me proclama *le meilleur nez de la compagnie*. Puis chacun profita de la paille fraîche et s'endormit profondément.

Dès le lendemain, je m'empressai d'aller délivrer mes jeunes captives. Elles ne couraient plus aucun danger : ordre avait été donné de traiter avec égards choses et gens. Je rendis donc ces enfants à leur père qui me combla de bénédictions.

Je sens bien que le récit de cette petite aventure, toute à mon honneur, respire un peu la vanité, mais, qu'on ne m'en veuille pas : le soldat, en pareilles circonstances, considère souvent comme bien le mal qu'il ne commet pas, et en tire gloire.

CHAPITRE II

Retour à Paris. — Après la paix de Presbourg (29 décembre 1805), nous rentrâmes à Paris. Paris! ville immense, où la misère coudoie le luxe effréné, où la vertu se confond avec le vice, où toutes les passions trouvent à se satisfaire! J'en fis bientôt la triste expérience. Doué d'une force rare à mon âge, d'un tempérament de fer, d'une imagination violente, mais d'une âme faible, je sentis bientôt fléchir tous les bons principes que j'avais rapportés de la maison paternelle.

D'abord, je résistai sur cette pente : j'espérais naïvement que l'ardent amour précieusement conservé en mon cœur pour Mlle George me préserverait du danger. Mais, on le comprend sans peine, toutes mes nouvelles tentatives pour approcher la grande artiste, alors dans toute sa glorieuse splendeur, échouèrent piteusement. Que pouvait valoir aux yeux de cette femme célèbre, au milieu de l'adulation de tant de riches et grands personnages, l'amour d'un humble Vélite!... Découragé, je me jetai dans toute sorte d'excès : le jeu, le vin, les femmes, je tenais tête à tout

Le duel dans l'armée. — La vie de caserne favorise les mauvais penchants. A cette époque de ma jeunesse, il existait un travers fort répandu dans l'armée. Je ne manquai pas d'y tomber : je devins CRANE. — Le crâne, espèce heureusement perdue, était alors le fléau de ses frères d'armes. Duelliste enragé, pour un regard, pour un mot, pour un rien il provoquait ses pareils et les laissait sur le terrain.

Mais tôt ou tard lui aussi finissait par en devenir la victime.

Les vieux soldats de la République avaient mis cet affreux genre à la mode. Toujours grognant, fort peu aimables, jurant, blasphémant à tout propos, ils insultaient et provoquaient, pour le plaisir. Au commencement de l'Empire, ce mauvais ton disparut, ainsi que le *crânisme* déjà mal reçu dans la Garde consulaire. Mais, de mon temps, il en restait encore quelque chose, qu'entretenait d'ailleurs une évidente jalousie entre le corps de ligne et nous.

Afin de laisser un souvenir et de donner une idée de ce malheureux état d'esprit, du grossier langage de tous ces querelleurs en charge, des formes stupides qui leur étaient familières, je citerai deux ou trois aventures qui me sont personnelles et dont je fus le triste héros. Elles ne tournèrent heureusement pas à mon avantage et me corrigèrent définitivement, par la honte que j'éprouvais, de cette manie criminelle.

J'avais acquis dans ce sot métier une haute réputation dont je me faisais gloire depuis ma rencontre à Schœnbrunn avec un certain fou de dragon qui s'intitulait *le bourreau des crânes*. Je l'avais tué net. Cette belle action avait augmenté mon humeur belliqueuse. On le savait, dans la Garde, et mes anciens s'amusaient à m'exciter.

Un jour que mon régiment avait eu dispute avec quelques militaires de la garnison de Paris, je trouvai l'étiquette de mon lit retournée. Je compris ce que cela voulait dire : mes camarades comptaient sur moi. Ils n'eurent point à me prier. Je me rendis à *la Grille du Midi,* rendez-vous habituel de ces sortes de parties.

Je trouvai là, entre autres, un petit bonhomme de tambour, déjà vieux mais à la physionomie éveillée, qui me parut être le loustic de son régiment. C'est lui que je choisis pour but. « Salut, mon vieux, lui dis-je en l'abordant. — Salut, mon jeune bec à sucre, répliqua-t-il en lorgnant mes moustaches naissantes et ma courte queue; c'est sans doute à un Vélite que j'ai la licence de parler? — Un peu! mon oncle. Mais ton signalement aussi n'est pas bien difficile à prendre : dégourdi n° 1, jeune tapin distingué, solide au poste. — Oh! je vois bien que toi aussi tu n'as pas froid aux yeux » — Veux-tu voir? — Ah çà! répondit-il, ma figure te déplaît donc indéfiniment? T'aurais-je vendu des pois qui n'étaient pas cuits? Puisque tu le veux, allons-y, quoique je me sente disposé à ménager ta jeune carcasse, si tu veux bien avoir les mêmes égards pour la mienne. Tu vas voir ça! » — On sort aussitôt, on dégaine, vingt lames en même temps brillent au soleil, chacun s'efforce de pourfendre son adversaire. Comme il l'avait dit, le vieux tambour me ménagea, et nous fîmes la paix, lui très fier de sa clémence, moi tout honteux de lui devoir la vie.

Un autre jour je me trouvais en nombreuse compagnie galante dans un bouge réputé de la rue Mazarine, chez la Bariole, mégère bien connue de tous nos régiments. Elle et sa mai son eussent pu figurer dans *les Mystères de Paris*, d'Eugène Sue, dont le père, je le dis en passant, était un de nos docteurs distingués à l'hôpital du Gros-Caillou. J'ajoute, en même temps, que nous étions l'un et l'autre en très bons termes : quelques détails que j'avais eu l'occasion de lui donner sur les antiquités de mon pays m'avaient valu sa bienveillance.

Une des dames de la maison, qui connaissait mon humeur querelleuse et la susceptibilité de mon amour-propre excité, voulut s'amuser à mes dépens. Elle me mit au défi d'aller boire, sur une table voisine de la nôtre, le vin d'un caporal du 4ᵉ Léger.

Je n'en fis ni une ni deux, sans hésiter, avec cynisme, je pris le verre et le vidai. Le caporal, d'abord surpris, me laissa faire; puis me regardant profondément dans le blanc des yeux, sans émotion comme sans colère apparentes, il me dit d'un ton goguenard : « Le trouvez-vous bon? voulez-vous redoubler? » Ce diable d'homme avec son sang-froid me subjuguait déjà, mais j'étais lancé, impossible de n'aller pas jusqu'au bout. D'un air affecté de bonne humeur, j'acceptai sa proposition et avalai un second verre. Alors seulement, avec un peu d'impatience dans la voix : « Voudrez-vous bien, me dit-il, prendre la peine de m'avertir quand vous serez désaltéré? » — Il n'en fallait pas plus. Nous sortîmes.

Jamais pareille fête ne m'avait trouvé si confus, si troublé. Les Espagnols disent : « Je fus brave tel ou tel jour. » Décidément, ce jour-là ne fut pas le mien. Je ne savais plus où j'en étais; j'avais complètement perdu la tête; je ne savais comment répondre aux coups de mon adversaire; je rompais au lieu de parer.

Cependant, au moment où il se fendait à fond pour en finir avec moi, il fit un faux pas, glissa et faillit perdre l'équilibre. Aisément j'aurais pu profiter de cette circonstance et la lui rendre fatale. Je n'en fis rien. Il le comprit. « Si vous le permettez, dit-il en se redressant, nous remettrons la reprise à plus tard, quand vous serez plus en veine. » Je m'aperçus alors de toute l'étendue du terrain que j'avais perdu en rompant ; le sarcasme de mon adversaire m'humilia, la colère me saisit ; pour toute réponse je l'attaquai avec fureur. « A la bonne heure, dit-il. » Mais avec le plus grand calme, il se borna dès lors à parer mes coups : évidemment, celui-là aussi me ménageait. J'étais en effet dans un état d'infériorité bien marquée vis-à-vis de lui, et sous tous les rapports : force, adresse, raison, tout était de son côté. Sa longanimité alla même jusqu'à permettre que les témoins missent fin à la lutte. On nous sépara, et j'eus encore l'humiliation de prendre la main que me tendit le caporal et de lui laisser payer, sans qu'il me fût permis de l'en empêcher, mon écot et celui de nos témoins.

Quand nous fûmes revenus chez la Bariole : « J'avais le projet, me dit-il en me désignant du bout du pouce la donzelle qui m'avait suggéré cette ridicule bravade, de mettre mon pied quelque part dans l'individu de mademoiselle, mais elle vient de me fournir l'occasion de faire votre connaissance et pour cela, au lieu de la punir, je la remercie. »

Nous nous séparâmes donc fort bons amis. Depuis, nous nous sommes revus souvent, quelquefois même en compagnie de mon vaillant petit tambour que le caporal estimait beaucoup. Ils étaient dignes l'un de l'autre : l'épée ou le sabre à la main, ils se valaient; le caporal mettait même le tambour bien au-dessus de lui, en sorte que le hasard, dans ces deux rencontres, m'avait placé entre Charybde et Scylla. C'est miracle si j'en réchappai. Mais la double leçon fut bonne. Dès ce moment, je compris la sottise, l'inutilité du danger, la méchanceté du rôle de *crâne* que j'avais par deux fois si mal joué, et, bien résolument, j'y renonçai.

Pourtant, et malgré tout le désir que j'en avais, il me fut, une autrefois encore, impossible d'éviter la provocation d'un vieux querelleur de la même espèce. Tous les *crânes* n'étaient pas convertis comme moi. — Je sortais de l'hôpital ayant encore assez piètre mine. Cette mine déplut sans doute au premier qui me rencontra. Celui-ci me toisa en me jetant quelque mauvais compliment à la face. Naturellement, je répliquai ; il fallut s'aligner. Exténué, pouvant à peine me tenir debout, je demandai la faveur de m'appuyer contre le mur afin de pouvoir combattre.

Mais au moment de croiser le fer, le spadassin voulut savoir de quel pays j'étais. Déjà furieux contre lui, je lui criai vivement en patois du Languedoc : « Je suis d'Uzès ! je m'appelle Billon ! Et toi ? — D'Uzès ! s'exclama-t-il en la même langue ; d'Uzès, mon pays ; Billon, mon voisin ! Et moi qui voulais te tuer !... Embrassons-nous. » Et nous nous embrassâmes en bons compatriotes. C'était en effet un nommé Mouton, que ma famille connaissait beaucoup. Cette rencontre fut ma dernière affaire de ce genre.

Campagne de 1806-1807. — La vie oisive de garnison commençait à peser sur le tempérament remuant, l'esprit actif, l'imagination ardente de l'armée française. Son inaction ne fut pas de longue durée.

La faiblesse de caractère du roi de Prusse, les suggestions d'Alexandre son allié, qui, dans l'espoir de prendre sa revanche d'Austerlitz, lui offrait cent trente mille hommes ; l'insolence de ses courtisans, l'arrogance de ses généraux et de ses jeunes officiers de famille si nombreux dans l'armée prussienne, héros en herbe excités par les beaux yeux d'une haute personnalité de la Cour qui voulait la guerre (1) ; enfin, ces nombreux bravaches qui allaient aiguiser leurs sabres sur le seuil de notre ambassadeur, le grand maréchal Duroc, tout enfin, en Prusse, poussait à la guerre, moins le roi. On a remarqué, d'ailleurs, que, depuis Frédéric II, tous les monarques ses successeurs ont été dominés par les passions de leurs armées et leur ont obéi.

Aussi bien, peut-être, le souvenir du grand Frédéric et de Rosbach hantait-il encore l'orgueil de ce peuple belliqueux, espérant en cette circonstance réveiller sa gloire endormie. Et

(1) La reine de Prusse elle-même.

puis, toujours l'Anglais, avec son or, sa haine de la France, son violent désir de recouvrer le Hanovre. Il se tenait là prêt à saisir toute occasion propice pour abattre la puissance de l'Empereur. Quoiqu'il en soit, la guerre avec la Prusse fut déclarée. Elle nous arracha de nos garnisons, de la pernicieuse oisiveté de Paris. Nous volâmes aux champs d'Iéna.

Iéna. — Dans le courant de cette glorieuse campagne, où les Prussiens furent si bien accommodés et leur armée anéantie d'un seul coup, ma bonne étoile me fournit deux fois l'occasion de me placer assez près du héros de la France pour le voir et l'entendre. C'était le rêve de tout soldat, et le mien en particulier.

La veille de la fameuse affaire, nous avions marché toute la journée. Sur le soir, harassés de fatigue, nous arrivâmes au Landgrafenberg, hauteur voisine d'Iéna, qui domine et commande cette ville. Il tombait alors une de ces pluies dont Mme de Sévigné dit *qu'elles mouillent*, et j'ajoute, moi, que celle-ci mouillait si fort que nous en étions trempés jusqu'à la moelle. A ce triste état s'ajoutaient la faim, le froid, le manque de bois pour le combattre. Mais le soldat français endure tout avec sa bonne humeur gauloise. Les jurons, les lazzis, les éclats de rire lui tiennent lieu, quand il le faut, de souper et de combustible. Ce soir-là était mon tour de garde. On me mit en faction devant la porte d'une misérable baraque, asile infime destiné au plus puissant monarque de l'univers.

Rondes nocturnes de l'Empereur. — Appuyé mélancoliquement sur mon arme, j'attendais avec impatience l'instant qui devait amener l'Empereur dans ce gîte et le faire passer près de moi. Cette préoccupation, ce vif désir faisaient diversion à mon appétit. J'attendis longtemps. Enfin, il arrive. L'Empereur, avec cette patience inlassable, contraste frappant de son génie impétueux, venait de parcourir les lignes de son armée jusques aux postes les plus avancés. Cette visite nocturne n'avait pas été sans danger pour lui. J'entendis deux officiers de l'état-major se raconter tout bas l'aventure : Nos sentinelles avancées ayant aperçu dans l'ombre l'escorte impériale, et la prenant pour une reconnaissance ennemie, l'avaient reçue à coups de fusils. L'Empereur n'avait probablement été sauvé de ses propres troupes qu'en se jetant ventre à terre.

Nos vieux soldats savaient en effet, et nous assuraient que les Prussiens, coutumiers des surprises nocturnes, ne manqueraient pas d'en user contre nous. Aussi, recommandaient-ils à ceux de nos avant-postes de se tenir toujours sur le qui-vive. De là le quiproquo qui avait failli devenir fatal à Napoléon.

Au reste, jeunes et vieux n'avions nulle crainte des procédés prussiens : alertes imprévues, attaques de nuit ou de jour, rien n'égalait notre confiance; aisément nous comptions venir à bout d'eux et de leurs manœuvres, comme en témoignaient certains couplets improvisés et chantés par nos Vélites chasseurs.

J'ai vu l'Empereur sourire à leurs gauloiseries, entonnées crânement à son passage, sur un air de *pas redoublé*.

En rentrant de la longue et périlleuse excursion nocturne dont je viens de parler, toute la suite de l'Empereur, aides de camp, généraux, exténués s'endormirent pêle-mêle autour du héros. Mais lui, je le voyais et crois le voir encore, — assis, les deux coudes sur une mauvaise table couverte de cartes, la tête dans ses mains ; il étudiait sans doute longuement son plan de bataille.

Tout à coup il se lève, jette un regard rapide sur tous les endormis qui l'entourent, hausse les épaules et sort sans plus se soucier d'escorte. Sans hésiter, je le suis. Nous nous dirigeons, presque côte à côte, vers les bivouacs des grenadiers formés en colonne derrière les chasseurs.

Ainsi me voilà seul, dans la nuit obscure, avec le plus grand homme de guerre des temps modernes. Lagorce, quand je lui racontai avec orgueil ce beau moment de ma vie, s'écria :

« Excusez du peu ! » — J'avais une envie folle de lui adresser la parole ; l'idée me vint de lui demander ce qu'il pensait de la conduite d'Annibal après la bataille de Cannes. D'après une de mes lectures récentes et dont tous les détails étaient encore bien précis en ma mémoire, Condé, le grand Condé, estimait que le Carthaginois aurait dû immédiatement marcher sur Rome ; — Turenne, au contraire, l'approuvait d'avoir laissé se reposer ses troupes à Capoue. Il eût été curieux de connaître l'avis de Napoléon. Mais je n'eus pas le courage de l'interpeller, je n'osai pas. Lagorce m'en blâma. Eh ! qui sait ? — D'après les causeries familières rapportées dans le *Mémorial de Sainte-Hélène*, peut être eût-il répondu volontiers à pareille question historique. J'ai toujours profondément regretté la timidité qui m'empêcha de la lui poser durant notre long tête-à-tête.

L'intérêt que l'Empereur portait à ses soldats l'arrêtait fréquemment devant les feux de leurs bivouacs. Ce soir-là, plus que d'ordinaire, les feux étaient maigres et fumeux. A la faible lueur de deux pauvres bûches posées en croix, il n'était pas facile de distinguer ni de reconnaître un visiteur. Incognito, de bonne humeur, l'Empereur se plaisait à écouter les récits souvent égrillards, parfois gais, toujours pittoresques de ses vieux grognards accroupis autour du triste foyer. Et si, par hasard, quelqu'un d'entre eux finissait par s'apercevoir de la présence de l'illustre auditeur, celui-ci s'éloignait en riant de l'attitude ahurie du narrateur qui, brusquement, mû comme par un ressort, s'était levé, raide comme un pieu, les talons rangés sur la même ligne, le dos de la main droite contre le bonnet à poil, fixe, immobile et muet, pendant que ses camarades, d'abord stupéfaits d'une attitude que rien ne semblait justifier et se moquant de lui, se précipitaient tout à coup à leur tour dans la même contenance, en reconnaissant dans l'ombre les traits adorés de l'Empereur.

Ces petites scènes eurent le temps de se renouveler plusieurs fois pendant notre ronde, avant que l'escorte dorée endormie se fût aperçu de l'absence de son chef. Le premier qui se réveilla donna l'alarme ; au signal du duc de Vicence (Caulaincourt), tous, munis de flambeaux de paille, coururent sur nos traces, et ce ne fut pas sans chagrin que je les vis paraître. On rentra avec lui. J'eus encore quelques instants à le contempler avant la fin de ma faction ; l'homme qui me remplaça me dit le lendemain que l'Empereur avait passé toute la nuit les yeux fixés sur des cartes.

Bataille d'Iéna, 14 octobre 1806. — Dès l'aurore, au premier coup de canon, la Garde fut sur pied. C'est sans peine que l'on s'arrache aux délices d'un oreiller aussi dur qu'était le nôtre. Nous n'avions guère dormi. D'ailleurs, un jour de bataille était pour nous jour de fête. En hâte, nous endossâmes le grand uniforme.

Nous marchâmes vivement à l'ennemi, mais en vain prîmes-nous le pas de course, il nous fut impossible de l'atteindre tant sa déroute fut générale, précipitée, subite. Ce fut un magnifique spectacle, plus saisissant, plus à portée d'être bien vu que celui d'Austerlitz.

L'épouvante des Prussiens fut si grande qu'ils ne nous donnèrent pas le temps d'apercevoir en eux la moindre velléité de résistance. C'était une armée dans un ordre parfait qui poussait l'autre avec une précision, un ascendant irrésistibles. En un clin d'œil, les Prussiens furent enfoncés, culbutés, anéantis; leur armée avait si vite, si promptement disparu que nos yeux la cherchaient encore. Les braves qui nous précédaient ne nous laissèrent pas la plus petite part de cette journée. Soult commandait l'aile droite, Augereau l'aile gauche et Lannes le centre. Lefebvre était à la tête de la réserve, dont je faisais partie. Notre intrépide commandant eût beau, dans son impatience d'agir, rôder, tourner et retourner autour de l'Empereur pour se montrer à lui, indiquer sa présence, obtenir l'ordre d'attaquer; quelques Vélites même essayèrent bien de pousser le cri d' « en avant » aussitôt vertement réprimé, tout fut inutile : il fallut nous résigner au simple rôle de spectateurs.

Voltaire a dit de la défaite de Rosbach : « Une armée française se présenta au combat et s'en alla ; » le mot peut être redit, en cette circonstance, de l'armée prussienne. Iéna fut pour la France l'éclatante revanche de Rosbach : les Prussiens se présentèrent et disparurent. Soubise, à Rosbach, n'avait rien laissé entre leurs mains, mais eux nous abandonnaient presque toute leur artillerie, un très grand nombre de prisonniers, leurs drapeaux, leurs bagages, et leur capitale nous restait ouverte à deux battants.

Généraux prussiens prisonniers. — Bientôt Napoléon commanda «halte!» Lui-même mit pied à terre. On établit des feux en avant sur toutes les têtes de colonnes. Je faisais partie des hommes chargés de les allumer et de les entretenir. A peine avais-je construit le mien que l'Empereur s'en approcha. On amena devant lui les premiers prisonniers : huit à dix généraux, l'oreille basse, la contenance incertaine.

Napoléon se mit impitoyablement à les railler, leur reprochant leurs insolentes provocations, leur imprudence, leur incapacité : « Voyez, dit-il en désignant dans le lointain quelques escadrons ennemis essayant de charger une ligne de nos voltigeurs épars dans la plaine, mais qui, se ralliant aussitôt, obligeaient les Prussiens à fuir au plus vite. Voyez, disait Napoléon, cette fameuse cavalerie. Elle devait tout pulvériser, tout culbuter, et la voilà qui ne peut tenir bon un moment devant une poignée de voltigeurs! Ces pauvres Allemands! ajoutait-il, ils sont ici malheureux autant qu'à Ulm, mais ils sont bien plus coupables. A Ulm, c'était leur souverain qui avait voulu la guerre, tandis qu'aujourd'hui *ces messieurs* ont contraint le pauvre Frédéric à nous la faire malgré lui. Dites-leur, Caulaincourt, que de toutes les nations que nous avons vaincues, la Prusse est celle que nous estimons le moins; dites-leur qu'à nous appartient le droit de les punir de leur déloyauté, et que nous userons largement de ce droit. »

Je voyais le héros s'animer à mesure qu'il proférait ces reproches si justes ; il élevait peu à peu la voix, tant enfin qu'un jeune cadet de quinze à seize ans qui, ne se sachant pas en présence de l'Empereur, caquetait comme une pie, non sans esprit pourtant et en très bon français, sur l'énorme appétit et la grande soif qu'on gagne à la guerre, finit par cesser son babil, et, tout à coup, reconnaissant Napoléon, resta stupéfait, les yeux fixes, bouche bée, dans une attitude comique.

L'Empereur, à qui rien n'échappait, s'en amusa. Il fit observer à cet adolescent combien il eût été préférable pour lui de rester auprès de sa tendre mère que de s'exposer ainsi à courir après la gloire, si souvent infidèle, et à toutes les privations qu'impose la guerre. Puis il termina sa petite morale en souriant et lui promit de le faire rendre dès le soir même à *sa maman.*

Au milieu du cercle où j'entretenais soigneusement le feu, j'écoutais tout. Chaque mot du grand homme me paraissait digne de la postérité. Qu'on veuille bien m'excuser d'en rapporter encore un, tout infime qu'il puisse paraître.

Les Prussiens n'étaient point les seuls à courir dans la plaine : des lièvres, non moins épouvantés, quoique plus agiles, venaient à toutes jambes se fourvoyer dans nos rangs. On en tua beaucoup à coups de pieds, à coups de crosse. Un marin de la Garde saisit adroitement un de ces malheureux au passage, tout près de Sa Majesté alors assise à terre sur quelques peaux et causant avec le major-général Berthier. Le brave marin eut l'idée d'offrir à l'Empereur ce prisonnier d'une nouvelle espèce, « mais bien plus facile à prendre que les autres », ajouta-t-il en faisant le salut militaire. « Je pensais, dit l'Empereur en riant de la piquante remarque, que les marins pêchaient, mais qu'ils ne chassaient pas. »

Entrée à Berlin. — Le 25 octobre 1806,

nous entrions sans obstacle à Berlin et par la même porte triomphale où était passé le grand Frédéric paré des trophées de Rosbach. Mais les trophées avaient disparu.

Berlin était alors la plus belle ville d'Allemagne. Elle devait surtout sa grandeur à la révocation de l'Édit de Nantes, qui fit affluer dans ses murs tout ce que les protestants de France avaient de plus laborieux, de plus intelligent dans le commerce, l'agriculture et l'industrie. La ville était magnifique, le beau sexe nous y accueillit à bras ouverts; dans les bals, dans les soirées nous liâmes une foule de connaissances toutes pleines de distinction et d'agréments.

Après quelques semaines d'un repos bien employé par nos diplomates avec les ministres prussiens et par nous avec les Prussiennes, nous dûmes marcher à la rencontre des Russes. Ces alliés de nos ennemis, par crainte ou par calcul, arrivaient toujours en retard, comptant sans doute nous trouver fort affaiblis, sinon vaincus.

« Soldats, nous dit l'Empereur, les Russes se vantent de venir à nous, épargnons-leur la moitié du chemin. Nous avons eu pour cette nation trop de pitié, trop de générosité ! Elle en est indigne. Son empereur, sa cour et les débris de son armée n'ont dû leur salut qu'à cette générosité ! » Napoléon pensait alors ce que nous pensions nous-même à Austerlitz.

Quartier de Posen. — Le quartier général se transporta en Pologne et, le 10 novembre 1806, nous entrâmes à Posen.

L'armée russe était forte de cent soixante-dix mille hommes d'infanterie, de trente mille chevaux, de cinq cent quatre-vingt-huit bouches à feu, et cependant nous eûmes peine à la rejoindre. Les Russes nous évitaient toujours, eux qui s'étaient *vantés de venir à nous.* Sans cesse nous les chassions de leurs positions, de leurs retranchements, et quand nous avions la chance de les atteindre, c'était encore derrière d'autres fortifications.

Varsovie. — Mais je ne dois pas sauter à pieds joints sur notre séjour à Varsovie.

Napoléon paraissait se plaire dans la capitale de la Pologne.

On s'est beaucoup demandé, avec raison, pourquoi il n'avait rien fait pour la restauration de ce royaume. Il paraît certain que cette héroïque nation, relevée par la main sûre de l'Empereur, remise en la plénitude de sa force, eût été capable de grandes choses. — Si mon âge déjà très avancé me permet encore de juger avec quelque lucidité, j'estime que cette négligence fut une des fautes capitales de l'Empereur. L'établissement au centre même de l'Europe d'une forte nation alliée, eût peut-être prévenu la guerre avec l'Autriche; la Pologne eût servi de base à l'invasion de la Russie et nous eût évité l'immense désastre du terrible hiver de 1812. Et quel sort eût été réservé à Wellington et à son armée en Portugal!

On a dit, pour justifier cette faute, commise aussi d'ailleurs par Charles XII, qu'à la vue de cette République bâtarde, de cette sorte

d'*anarchie à cheval*, comme l'appelait le grand
Frédéric, toujours esclave de son aristocratie,
où les juifs pullulent et sucent le meilleur de
son sang, notre héros ne put distinguer dans
son sein les éléments nécessaires pour en faire
ce qu'il eût désiré qu'elle devînt. Il semble
bien cependant qu'avec ceux des Polonais ser-
vant dans l'armée française, et ceux en assez
grand nombre répandus à Varsovie et dans
quelques-unes des villes du royaume, l'Empereur eût trouvé de quoi relever cette nation
déchue.

On crut s'apercevoir, durant une fête au
palais de Varsovie, d'un redoublement de ga-
lanterie dans les allures de notre monarque
auprès de Mme *** (1), qui lui avait inspiré
un attachement passionné. On fonda dès lors
sur cet amour l'espoir qu'il activerait le réta-
blissement de la Pologne. Mais Napoléon avait

(1) La comtesse Maria Waleska, célèbre par sa beauté et
son patriotisme, donna le jour, au château de Walowicz, le
4 mai 1810, à un fils naturel de l'Empereur.

pour principe qu'un homme d'État doit avoir le cœur dans la tête. Son amour s'exhalait en fantaisie.

C'est à Varsovie qu'il me fut donné de voir pour la première fois danser Napoléon. Ses pas avaient au moins vingt ans de date; il les faisait correctement, avec méthode : une et deux... trois et quatre! sans la moindre prétention d'ailleurs. La danse, on le voyait bien, n'était point son affaire, pas plus que l'orthographe et la calligraphie. Son secrétaire intime, Bourrienne, a osé plus tard lui en faire un reproche. Le pauvre homme ne savait-il donc pas que le cerveau de Napoléon était occupé de bien autres pensées !

Le maréchal Lannes. — On disait à Varsovie que Sa Majesté, dans un moment de bonne humeur, aurait demandé au maréchal Lannes ce qu'il pensait de la Pologne, et que celui-ci lui aurait répondu brusquement : « Tant qu'elle ne sera pas réorganisée, comme on l'en a si souvent flattée, elle ne vaudra pas le sang d'un de vos braves. » — Que sais-je? Lannes était bien capable de réponse si nette. Nous étions alors dans une période d'inaction où les bruits de toute espèce naissent et se propagent on ne sait comment. Il est cependant permis de juger oiseuse la question de l'Empereur, et très peu convenable la réponse du maréchal. Un fait pourtant sembla bientôt confirmer l'exactitude de cette histoire : nous étions sur le point de quitter Varsovie, alignés déjà sur la grande place, lorsque tout à coup survint un contre-ordre qui nous fit faire simplement « par le flanc droit ». On entendit alors chuchoter, dans le groupe de nos officiers, qu'une disgrâce subite de Lannes était la cause de ce changement de front; on disait même que le maréchal était parti sur-le-champ. Si la chose était vraie, il est certain que la disgrâce ne fut pas de longue durée.

Nous l'aimions, ce chef intrépide, c'était notre Roland. — Il est juste de dire que, s'il avait conservé son franc-parler, s'il était le moins prosterné des courtisans, il était l'ami le plus sincère et le plus fidèle du grand homme, l'un de ses capitaines les plus dévoués, le plus digne aux yeux de l'armée d'une royauté future.

Après la mort du duc de Montebello (1809), et plus tard aussi, à Sainte-Hélène, l'Empereur lui rendit pleine justice. Lannes fut le seul de ses généraux ne rêvant que gloire et n'ambitionnant pas un trône. S'il n'est point passé roi, il resta pour la Grand eArmée un demi-dieu, le demi-dieu de la guerre.

Lannes était adoré de son père, qui lui reprochait parfois, dans ses lettres, d'être moins souvent cité que Murat aux bulletins de la Grande Armée. Mais le guerrier souriait à ces reproches, sentant bien sa supériorité sur celle du Prince, son rival. C'était aussi l'avis de Napoléon, on l'a su plus tard, et celui de Bugeaud. Celui-ci disait, et bien d'autres l'ont pensé comme lui, que nous serions peut-être encore devant Saragosse si Lannes n'y fût venu pour ordonner les seuls moyens d'accélérer la reddition de cette place.

Quant à Murat, il était admirable, c'est vrai. Son dandinisme de héros, l'éclat de sa rare valeur de paladin, sa haute et belle stature, les gigantesques plumes de sa toque ondulant toujours, même dans les rangs ennemis, ses splendides costumes tout brillants d'or et de fantaisie, éblouissaient l'armée, stupéfiaient l'adversaire et l'exposaient sans cesse aux plus grands dangers. On l'a vu maintes fois, après avoir donné l'élan à ses escadrons, frapper les premiers coups de sabre, arme qu'il maniait supérieurement, et mettre en fuite la cavalerie ennemie qui semblait elle-même obéir à ses gestes superbes de commandement. Personne ne sut jamais mieux et avec autant d'intrépidité, braver les baïonnettes, les lances des cosaques, les balles et les boulets ; personne ne connut mieux que lui l'art de lancer à propos des masses de cavaliers. Mais c'est moins à son intelligence ou à son génie, qu'à cette allure martiale, à ce courage chevaleresque que Murat dut sa grande distinction.

Lannes, plus sobre de gestes, était un stratégiste autrement profond. Ne fut-il pas, à la glorieuse époque de la 5ᵉ coalition, dans cette campagne d'Autriche où il devait trouver la mort,
l'Achille de l'armée française; à Landshut, à
Eckmül, à Ratisbonne et partout, ne fut-il pas
l'ange exterminateur des Autrichiens!

D'ailleurs nullement soucieux des éloges
pompeux, mais bien mérités, j'en conviens,
que prodiguaient à Murat les Bulletins de la
Grande Armée, Lannes ne murmurait jamais
et laissait dire, même son père, le teinturier
de Lectoure, pour lequel il professait la plus
tendre et la plus profonde vénération.

Je n'ai point vu ces lettres d'un père jaloux
de la gloire de son fils, mais je tiens ce que
j'avance de ceux qui les ont lues : d'Ariband
et d'Anjou, deux Vélites de mes amis, compatriotes du maréchal qui les invitait familièrement à diner quelquefois et leur donnait des
nouvelles du pays.

Peu de jours après, nous atteignîmes enfin

les Russes. Ils nous reçurent avec vigueur à Czarnow et à Pultusk, mais toujours abrités derrière quelques retranchements ; et il en fut de même à Bergfried, à Deppen, à Eylau, nous cédant régulièrement le terrain après l'avoir vivement disputé.

Eylau. — Le 7 février 1807, nous atteignîmes les hauteurs d'Eylau harrassés de fatigue, grelottant de froid, mourant de faim et sans espoir de rien trouver à mettre sous la dent.

L'ennemi avait tenu bon dans la ville ; nous parvînmes à l'en déloger, mais à quel prix ! Les rues étaient jonchées de cadavres, les maisons pillées, dévastées, pleines de blessés ; les habitants, fuyant à notre approche et redoutant les Russes plus encore que les Français, avaient tout emporté. Il ne restait, dans la ville, pas de quoi donner un repas à la millième partie de l'armée.

Je tiens à confesser ici un de mes méfaits de soldat affamé, un mauvais tour que ma détresse

inventa contre un de mes vieux frères d'armes.
Je me le suis reproché bien des fois. Cette con-
fession atténuera mes remords; elle fera d'ailleurs un moment diversion à mes tristes récits.

Poussé par la faim, j'allais, comme les
autres, chercher fortune par la ville abandonnée, quand une des maisons où je pénétrai
m'offrit le plus séduisant spectacle qu'on puisse
voir en un pareil moment de misère : dans
l'âtre de la cuisine bouillait un superbe morceau de lard couronnant une marmite pleine
d'un gruau couleur d'or! J'en fus ébloui...
Mais, hélas! est-il un beau jour sans nuage? —
Le nuage, ici, était représenté par un grand et
solide gaillard de grenadier, à mine rébarbative et qu'il n'eût pas été commode... d'*attaquer, de mettre en quartier*. Il était là, veillant
et soignant avec amour sa trop séduisante marmite; il n'attendait, pour festoyer, que le retour de ses camarades. Je n'avais guère le droit
de compter sur leur invitation. Certain donc de
ne pouvoir me faire la part du lion, j'endossai
soudain la peau du renard. — Un mur nous

séparait de la maison voisine où, depuis un
moment, on menait grand tapage. Le naïf grenadier me demande pourquoi ce bruit? — Dès
lors le sort de sa marmite était fixé... — « Là
dedans, répondis-je en contrefaisant l'ivrogne,
titubant, bégayant, l'air grave et hébété, c'est...
c'est du bon vin... ga-aspillé... il a au moins
cent ans! tous... ils sont tous saouls!... » Je
n'avais pas fini de parler, ou, plus exactement,
de bredouiller, que je vis mon homme rassem-
bler en toute hâte les bidons de son escouade
suspendus au mur et se précipiter dans la rue.
— On devine le reste : de la porte où je sem-
blais cloué, je ne fis qu'un saut vers la précieuse
marmite. La décrocher, l'emporter tout courant au bivouac, la présenter bouillante encore
et triomphalement à mes bons compagnons
ahuris fut l'affaire d'un instant. Des cris fréné-
tiques m'accueillirent; Lagorce, grave, solen-
nel déclara que j'avais désormais sa plus haute
estime. Devant tant de joie, mes remords,
pour ce soir-là, restèrent au fond de la marmite.

Le lendemain, 8 février, le canon ennemi nous réveilla avant l'aurore. Contre leur habitude, les Russes prenaient cette fois l'initiative. La veille, en effet, nous les avions poussés avec tant de vigueur qu'une partie de notre armée était restée en arrière. Benningsen ne l'ignorait pas. Il se flattait ainsi d'une victoire moins dure à disputer, dans ce rôle du troisième fils d'Horace. Mais nous avions acquis une telle habitude de le battre que nous marchâmes à sa rencontre avec la plus entière confiance.

Sous une grêle de boulets, la Garde prit position sur un plateau où se trouve le cimetière de la ville. Nous y restâmes l'arme au bras, les pieds dans la neige, jusqu'au soir qui termina cet affreux combat.

Benningsen était ce général russe, authentiquement reconnu pour un des meurtriers du père d'Alexandre. Il avait tenu, disait-on, un des bouts de l'écharpe avec laquelle fut étranglé Paul Ier. — Après le crime, son fils Alexandre monta sur le trône de Russie et refusa de poursuivre les assassins, répondant à sa mère, qui le pressait d'instruire sur-le-champ le procès des coupables : « Se venger soi-même est usurper la tâche de la puissance divine! » Il avait peut-être raison, mais devait-il utiliser les services du meurtrier?

Napoléon, après avoir parcouru nos lignes, vint augmenter notre confiance en se plaçant au milieu de la Garde et partager avec nous, jusqu'à la fin du jour, tous les périls qui menaçaient le moindre de ses soldats. Pendant l'action, un aide de camp du général Soult fut emporté par un boulet, si près de l'Empereur que la Garde entière en trembla… Mais, entendons-nous bien : la Garde ne tremblait jamais! Je veux dire qu'elle frémit en voyant le danger auquel venait d'échapper son idole.

La cavalerie française fit des prodiges. L'infanterie, avec une ténacité remarquable, soutint le choc d'un ennemi infiniment supérieur en nombre. Mais c'est l'artillerie, celle de la Garde surtout, qui décida du succès de cette sanglante et difficile journée.

L'attitude inébranlable des grenadiers et

des chasseurs à pied n'y contribua pas moins.
Ces vaillants perdirent, sans bouger de place,
de trente à quarante hommes par compagnie,
alors que l'effectif de chacune d'elles était de
quatre-vingts.

A un moment donné, la masse des cavaliers
russes s'approcha presque à portée de mous-
quet, faisant mine de vouloir nous charger. Il
fallait voir alors nos vieux grognards trépi-
gner d'impatience. Pour inspirer à l'ennemi
un peu plus de confiance et de hardiesse, ils
se faisaient petits, petits, et auraient mis volontiers leurs bonnets à poil dans la poche si c'eût
été possible. « Ne tirons pas, s'écria un vieux
grenadier : si nous tirons, ils n'arriveront pas
jusqu'ici. » Nous comptions les embrocher
tous à la baïonnette, eux et leurs chevaux.
Telle fut aussi la pensée du beau général Dor-
senne, commandant en chef des grenadiers à
pied, car il donna bientôt le commandement
préparatoire de la formation en carré, mais ce
fut tout. Cette froide contenance suffit pour
effrayer l'ennemi qui, faisant rapidement à

droite par quatre, disparut, poursuivi par nos huées. L'Empereur ne put s'empêcher d'en rire.

Plusieurs de nos généraux périrent dans cette terrible journée : d'Hautpoul, commandant en chef des cuirassiers. Il portait pour nom de guerre *le Meunier*, peut-être à cause de sa belle et martiale figure d'un blanc mat et farineux, — peut-être aussi parce que, en entraînant ses cavaliers dans les batailles, il avait l'habitude de répéter toujours : « Cuirassiers ! chargez à fond !... à fond ! » — Corbineau, aide de camp de l'Empereur, coupé en deux par un boulet au moment où il recevait les ordres de Sa Majesté; le général Dahlmann, commandant des chasseurs à cheval... et bien d'autres encore, tués ou mis hors de combat.

Je vis le superbe et colossal Le Pic, parti depuis quelques heures à la tête des grenadiers à cheval, exubérant de valeur, de force et d'audace, revenir du champ de bataille, où il avait fait des prodiges, se présenter à l'Empereur presque tout dépouillé de ses vêtements, n'ayant plus qu'une botte, couvert de sang et de blessures. Il faisait à Eylau le pendant de Rapp à Austerlitz, un superbe sujet de tableau, un vis-à-vis à celui du peintre Gérard. L'Empereur le salua général de division. Nous l'avions surnommé l'*Ajax de la Garde*.

Je vis Augereau qui, ayant laissé son corps d'armée compromis, venait, de sa personne, demander des renforts. Pour toute réponse, l'Empereur lui ordonna sèchement de retourner à son poste.

Ce jour-là, en arrivant à la position au début de la bataille, j'occupais la droite du second rang de la 1re compagnie du 2e bataillon. Un caporal survint, qui, de sa propre autorité, me fit déloger plus loin et prit ma place. A peine était-il installé qu'un boulet lui emporta la jambe. Bientôt il fut suivi d'une foule d'autres victimes, et nous, but immobile des projectiles russes, nous les bravions par nos lazzi, notre gaîté, nos bons mots qui se mê-

laient aux cris des blessés, au râle des mourants. Le soldat français est ainsi fait.

Dans toutes les batailles, l'Empereur ménageait sa Garde. L'infanterie nous raillait de
cette immobilité éternelle. Mais ce jour-là elle
restait muette d'admiration. Le brave général
Gros semblait plus ému de notre héroïque contenance que des boulets qui pleuvaient autour
de lui. On voyait les débris du 7ᵉ corps et
d'autres qui, ne pouvant résister aux efforts
d'un ennemi trop supérieur en nombre, venaient s'abriter derrière nous.

L'ordre du jour de la bataille prescrivait,
comme de coutume, aux quatre hommes les
plus proches d'un blessé, de l'emporter à l'ambulance et de retourner à leur poste dans le
plus bref délai. J'avais plusieurs fois entendu
mon brave capitaine Sicard, officier des plus
distingués, mort général à Bautzen, dire qu'il
voyait avec peine et déplorait le retard que
mettaient, même les anciens, à rentrer dans
les rangs au retour de leur triste corvée. Je me

promis bien d'éviter ce reproche, quand je dus
emporter le pauvre caporal Thomas, tombé à
mes côtés.

Je revenais donc à la hâte, en ligne droite, à
travers champs, afin d'être le premier rentré
en ligne de ceux de mon convoi, lorsque, passant au pas de course dans un terrain fermé
par une claire-voie du côté où je devais en sortir, le général Roussel, chef d'état-major de la
Garde, parut en même temps de l'autre côté
de la clôture et me pria de la lui ouvrir. Je me
mettais en devoir d'obéir quand un obus vint
à nous, en ricochant jusqu'au pied de la muraille. Le général, prompt comme l'éclair, mit
ventre à terre. Le projectile éclata, et, en se
relevant, le chef d'état-major vit et me fit remarquer le pommeau de sa selle emporté par
un éclat d'obus. Il s'aperçut que j'étais resté
debout tandis qu'il s'allongeait sur le sol.
« Pourquoi cette imprudence, me dit-il? —
Parce que, répondis-je, avec insouciance, si
j'avais dû être tué, je l'eusse été aussi bien
couché que debout. » Il rit de ce mot qui, ce-

pendant, semblait faire la critique de sa prudence pourtant bien naturelle en pareil cas, et prit mon nom et le numéro de ma compagnie. Puis, la claire-voie étant ouverte, il repartit au galop.

Cette petite affaire m'avait mis un peu en retard. En me voyant arriver, le capitaine Sicard, qui me croyait parti avec le premier convoi déjà rentré, s'étonna que son *boute-en-train*, comme il m'appelait, fût le dernier à se rendre à son poste; il s'apprêtait à me réprimander sévèrement quand mon sergent-major l'assura que j'étais au contraire en avance sur les autres. Peu d'instants après, le général Roussel vint aussi lui parler, et tous deux se mirent à rire. Ils s'approchèrent du front de ma compagnie et m'adressèrent l'un et l'autre un signe affectueux. Je compris, au coup d'œil du général, qu'il se souviendrait de moi. Brave et généreux officier, plein de distinction! Il fut tué peu de temps après Eylau, à Heilsberg. Une de ses filles, qui vient de mourir, avait épousé le maréchal Magnan.

Nous restions toujours là, les pieds dans la neige, quand l'arrivée du 5ᵉ corps de la Grande Armée força les Russes à prendre le chemin de Kœnigsberg. Après leur déroute, une heure avant la nuit, nous rentrâmes dans Eylau. Les rues, je l'ai déjà dit, étaient jonchées de cadavres. Quel horrible spectacle ! Il tira des larmes des yeux de l'Empereur. Personne n'eût jamais cru possible attendrissement pareil de la part de ce grand homme de guerre, et pourtant je les ai vues, moi, ces larmes. J'étais debout, sur un banc de pierre, adossé au mur, quand il passa près de moi. L'Empereur faisait tous ses efforts pour éviter que son cheval ne foulât aux pieds tant de restes humains. Ne pouvant y parvenir, il abandonna les guides, et c'est alors que je le vis pleurer.

Promotion au grade de sous-lieutenant. — Le lendemain, de simple soldat je fus promu officier. Ma gasconnade de la veille me valut cet honneur (1).

(1) Qu'il nous soit permis d'observer à ce propos que la

La guerre consommait alors beaucoup d'officiers : la bataille d'Eylau en vit périr plus que de soldats, toute proportion gardée. Quant à moi, je l'avoue, bien que je me fusse souvent miré dans le poli de ma giberne, je ne fus pas fâché de me séparer d'elle et de mon sabre et de mon lourd fusil, mais surtout des bretelles de mon havresac. Oh! les maudites bretelles! que de cals n'ont-elles pas laissés sur les épaules de la Grande Armée.

Cette promotion fut de sept officiers, anciens Vélites devenus chasseurs depuis peu. Le maréchal Bessières nous conduisit sur le terrain de nos exploits et nous y adressa une chaleureuse allocution. Nous en fûmes vivement impressionnés. Les difficultés du moment, la situation inaccoutumée de l'armée ajoutaient à cette émotion. Il nous dit, en somme, d'apporter avec nous, dans nos nouveaux régiments, le

conduite énergique du jeune Vélite et son attitude dans tant de combats pendant cette période homérique furent la cause, bien autrement déterminante que sa boutade, d'une promotion qu'on peut s'étonner à bon droit de voir arriver si tardivement.

bon esprit, le patriotisme et la fidélité dont nous avions fait preuve dans la Garde et de ne jamais perdre de vue que, sans l'Empereur, il n'était plus de sécurité, plus de gloire et peut-être plus de patrie.

Ce fut religieusement que je recueillis ces belles et nobles recommandations, car je me fais gloire d'être de ceux qui n'ont jamais séparé la cause de Napoléon de celle de la France.

L'Empereur parcourait le champ de bataille de la veille. J'eus la curiosité de le suivre. En arrivant sur le terrain qu'occupait l'illustre 14e régiment de ligne, tous furent frappés d'admiration à la vue d'un tel amoncellement de cadavres. La mort n'avait rien dérangé de l'ordre où se tenait ce glorieux corps, trop aggloméré par la faute de son général, Augereau. Officiers, sous-officiers et soldats morts, chacun gardait la place qu'il occupait vivant. La neige autour d'eux et sous eux était rouge de sang. L'histoire racontera les prodiges de valeur et d'endurance de tant de vaillants soldats. On en parlera longtemps : les arts et la poésie dépeindront et chanteront le fameux carré des morts du 14° environné de monceaux de cadavres ennemis : hommes et chevaux, tout était venu se briser contre lui. L'Empereur et son cortège contemplaient dans un morne silence cet affligeant et sublime spectacle. J'entendis le maréchal Bessières s'écrier tout haut : « Ils sont rangés comme des moutons. » — Dites comme des lions, répondit l'Empereur; cette demi-brigade, sur le plateau de Rivoli, je l'avais surnommée *la Brave*; à Eylau elle a mis le comble à son illustration. »

Vingt-huit officiers furent ensevelis dans une même fosse, sous une simple pierre portant cette simple inscription :

CI-GISENT

VINGT-HUIT BRAVES

OFFICIERS DU 14° DE LIGNE.

C'est dans ce célèbre régiment de la Grande Armée que je fus admis après Eylau. J'y ai connu deux colonels seulement : Henriot et Bugeaud. L'un et l'autre ont fait honneur au 14ᵉ. Le premier, quoique vieux et tourmenté par la goutte, allait toujours, intrépide et vaillant ; il cessa de faire la guerre alors seulement qu'il fut nommé général et baron de l'Empire, à la prise de Lérida. L'autre était mon ami. On sait sa gloire. J'en parlerai plus tard avec détails.

Nous avions aussi un quartier-maître comme il n'en existe guère. Jamais corps ne fut mieux secondé, jamais comptabilité mieux tenue que par le trésorier du 14ᵉ, capitaine Dupré. Il est l'auteur des fastes de son régiment, premier ouvrage de ce genre. Il avait fait toutes les guerres de la Révolution ; mais comme il n'a point assisté à toutes les affaires dont il parle, on peut lui reprocher certaines inexactitudes, qui n'enlèvent rien d'ailleurs à la bonne foi d ses récits.

Les drapeaux de la 14ᵉ demi-brigade lui avaient été distribués à Milan, après le traité de Léoben. Ils portaient pour inscription : *A la*

brave 14. — *Première et deuxième affaires de
Rivoli*. Elle avait en effet vaillamment combattu à Rivoli, sous les yeux du général Bonaparte qui, avec ses 18,000 hommes, battit les
40,000 Autrichiens et fit 13,000 prisonniers.
La 14ᵉ a conservé ces drapeaux jusques au cou-
ronnement. A cette époque les Aigles les rem-
placèrent.

Je ne saurais quitter Eylau sans parler aussi
de l'admirable docteur Larrey, le plus célèbre
chirurgien militaire de son temps, aussi noble
par le talent que par le cœur. Je citerai de ce
grand honnête homme, comme l'appelait Napoléon, deux traits dont je fus témoin et qui
donnent sa mesure.

Au lendemain de la meurtrière bataille
d'Eylau, on transporta les blessés pour les
installer dans les maisons de la ville. Le docteur mettait la main à tout. Je lui aidais à vider
de ses meubles une pièce du rez-de-chaussée
qu'on allait transformer en ambulance, lorsque survint un colonel du quartier général qui

prescrivit à Larrey, par ordre direct de l'Empereur, de se rendre sans aucun délai à Mohrungen, pour embaumer le corps du général Dahlmann. En cet instant, le docteur et moi, nous emportions, à deux, un grand vitrage. « Posez, chasseur ! » s'écria Larrey en colère. Puis redressant autant qu'il le put sa petite taille qui contrastait avec la haute stature du colonel : « Retournez, monsieur, dire à Sa Majesté que je n'abandonnerai pas sept à huit cents blessés, dont je puis sauver la moitié peut-être, pour aller m'occuper d'un mort, si glorieuse que soit sa mémoire ! »

A quelques jours de là, Larrey s'apprêtait à faire l'amputation de la cuisse de Bouchet, superbe sergent des chasseurs à pied de la Garde, qui avait le fémur, fracassé. Par ordre de l'Empereur, le maréchal Bessières assistait à l'opération. « A propos, dit-il, comme si la chose lui revenait tout naturellement à l'esprit, à propos, docteur, j'oubliais de vous faire savoir que l'Empereur a trouvé si bonnes vos raisons pour ne pas vous rendre à Mohrungen, qu'il vous sait gré de votre refus. » Et voilà celui qu'on a appelé *l'Ogre de Corse*, celui dont on a dit qu'il ne pouvait supporter la moindre contrariété, celui dont le caractère n'admettait par la moindre observation!...

Lorsqu'il ne pouvait lui-même aller visiter les hôpitaux ambulants de l'armée, l'Empereur s'y faisait représenter par quelque officier distribuant en son nom consolations, largesses, grades ou décorations aux blessés.

Le maréchal Bessières trouva Bouchet fumant son brûle-gueule au milieu des apprêts d'une opération terrible et des plus dangereuses. Il l'aborda par quelques mots de regrets, mais Bouchet l'interrompant : « Monseigneur, de deux choses l'une : ou je vais moi-même défiler la parade, ou je suis condamné à ne plus la voir ni la faire défiler, et c'est cela qui... m'embête. Excusez, monseigneur, vous pourrez le dire au petit caporal. — Tu te trompes, mon brave, Sa Majesté a deviné tes regrets et m'a chargé de te dire que, par son ordre, une loge va être construite au Carousel exprès pour toi. — Vive l'Empereur! s'écria Bouchet. Monsieur Larrey, à l'ouvrage!» Larrey commença. Bouchet fumait toujours sa pipe, mais à l'instant où la scie du chirurgien entamait le col du fémur, la pipe tomba des dents de l'héroïque blessé, et de sa bouche s'exhala faiblement un dernier cri de vive l'Empereur! Je promenai mes regards sur tous les témoins de cette scène… je ne vis pas un œil sec!

Une trêve s'établit tacitement des deux côtés, après le combat d'Eylau. L'ennemi continua sa retraite sur Kœnigsberg, laissant sur le champ de bataille au moins deux mille morts ou blessés de plus que nous, sans compter ceux qu'il avait eu le temps d'enlever.

Quand j'allai pour prendre congé de mon capitaine, qui revenait d'un groupe formé par Napoléon et sa suite, je l'entendis dire que si Ney avait pu gagner de vitesse le général prussien Lestocq, nous eussions couché le lendemain à Kœnigsberg, où, selon toute apparence, la paix eût été signée.

Mais il fallut continuer de marcher, et souvent sans ressources. Durant une halte, au moment où l'Empereur dépassait la colonne de la Garde, il fut interpellé, en langue polonaise, par un loustic de je ne sais quel régiment : « *Papa! Kléba! — Niéma* », répondit mélancoliquement le monarque, avec cet air de bonté qui lui gagnait tous les cœurs (*Kléba*, du pain ; *Niéma*, je n'en ai point). — J'ai su depuis que ce même cri fut souvent répété pendant la retraite de Moscou. *Papa! Kléba!* devint l'expression de la faim, et *Niéma* l'aveu pénible de la disette, résultat de l'affreuse désorganisation de l'armée.

Heilsberg. — Les hostilités recommencèrent donc. Le 10 juin, nouvelle rencontre avec l'ennemi à Heilsberg. Le succès nous y fut vivement disputé par la ténacité de l'armée russe. Notre colonel, Henriot, y fut blessé ; le général Roussel, à qui je devais ma nomination, y fut tué. C'était un audacieux soldat, qui devait infailliblement périr sur quelque champ de bataille. Une quarantaine d'officiers furent également blessés. Le commandement fut remis au chef de bataillon Stahl.

Friedland. — Mais la grande affaire n'eut lieu que le 14 juin, à Friedland. Nous fîmes subir aux Russes, en tués, blessés ou prisonniers, une perte de vingt mille hommes. Ces messieurs purent alors se convaincre que, pour aller à Paris, comme ils s'en étaient vantés, il leur faudrait encore passer par bien des chemins de traverse. Il est même à croire qu'on n'aurait pas eu besoin d'aller jusqu'à Tilsitt pour régler avec eux les frais du voyage et la carte à payer.

Mais, hélas! à Friedland comme à Austerlitz, l'armée enivrée de gloire eut à regretter un renouveau de la magnanimité de l'Empereur. Le héros était heureux : sa grande âme fut subjuguée par les sentiments de son cœur, égal à son vaste génie. Il crut à la constance de son étoile; il crut à la reconnaissance des rois. Mais il avait blessé leur orgueil, et les rois ne pardonnent pas de telles blessures. Il lui eût été facile de détrôner le czar, c'est vrai, mais l'empereur d'Autriche, mais le roi de Prusse! N'étant pas dans les conseils de l'Empereur, nous ne pouvions, dans la Grande Armée, que former des vœux. Nul ne les entendit.

Retour en France. — *Garnison de Sedan.* — Notre retour en France s'effectua bientôt. On y fixa notre dépôt dans la patrie de Turenne, à Sedan, délicieuse sous-préfecture où nous fûmes accueillis en triomphateurs.

Nous étions là quatre sous-lieutenants, si intimement unis, si inséparables que le surnom des *Quatre fils Aymon* nous fut donné par le beau sexe de la ville.

L'un s'appelait Édouard Vieillard; il était Normand et de très bonne famille, aimant les lettres, joyeux compagnon, bon camarade, plein de droiture et de bravoure, il n'avait pourtant pris le métier des armes que pour gagner la croix de la Légion d'honneur, qu'on ne prodiguait pas à cette époque. Lorsqu'il l'eut incontestablement méritée et conquise à la barbe des Espagnols, il donna sa démission et alla se marier à Toulon où sa mère, veuve en premières noces, venait d'épouser M. Caymer, préfet maritime de cette ville.

L'autre descendait en ligne droite de l'illustre maison de Torcy, une des premières noblesses champenoises, qui a compté plusieurs ministres sous Louis XIV et sous Louis XV. Comme Vieillard, Torcy sortait de l'École de Fontainebleau.

Bonafous, d'Embrun, était le troisième. Ces deux derniers périrent en Espagne, où Torcy se fit héroïquement tuer, où l'intrépide Bonafous préféra la mort à l'humiliation de rendre son épée. Il fut massacré.

Votre serviteur était le quatrième, tous faisant passer après la gloire la joie de vivre, les plaisirs, les aventures.

Nous occupions en commun un appartement dépendant de la salle de spectacle.

Après les visites d'usage, — un jour de mardi

gras, nous reçûmes, presque mystérieusement, de l'une des personnes les plus en vue de Sedan, l'invitation d'aller dîner chez elle avant le bal qui devait avoir lieu à l'hôtel de ville.

Mme de X... voulait bien nous prévenir en même temps qu'elle avait eu le soin d'inviter aussi trois de ses amies. Cette délicate attention semblait nous promettre une partie de plaisir doublement carrée. — Comme nous ignorions encore le nom des trois amies, et persuadés d'ailleurs dans notre jeune fatuité que le choix serait fait à nos convenances, il fut décidé que chacun de nous adresserait exclusivement ses hommages à la voisine que lui aurait assignée la maîtresse de maison.

Le dîner fut charmant.

Pour nous rendre au bal, nous montâmes en voiture. Chacune de ces dames ayant amené la sienne, on devine qu'elle amenait aussi *le sien*.

J'étais avec la maîtresse de maison. Chemin faisant, elle offrit de me présenter à la haute société de Sedan. « Mais, lui dis-je effaré, je n'ai pas la moindre connaissance des usages de ce monde. Ce n'est pas aux camps que j'ai eu le temps de l'apprendre, et, à moins que vous ne daigniez me guider, je risque fort de... — Vous irez toujours, interrompit-elle, et au moment du danger, je vous presserai le bras. — Oh! oui, fis-je avec tendresse, pressez-moi le bras! »

C'était une femme de quarante ans bientôt. Elle avait la beauté de cet âge où la parfaite maturité donne un charme particulièrement attrayant. Bien dessinés, les traits de son visage avaient conservé toute la pureté de la jeunesse; elle possédait de beaux yeux, de beaux bras, une peau d'hermine, un pied d'enfant, et, par-dessus tout une grâce aristocratique qui me subjuguait. Il n'est pas rare qu'une femme de cet âge s'éprenne d'un jouvenceau.

Mes conquétes féminines comptaient alors pour bien peu dans ma vie de soldat. Jamais je n'avais encore entendu dire, si ce n'est par ma mère, que j'étais un joli garçon. J'avais peu confiance en moi, et un grand reste de timidité auprès des femmes. Celle-ci me plaçait dans une situation décisive. A ma réponse : Pressez-moi le bras, je la sentis me le presser avec force. Puis, tout à coup, jetant au cocher l'ordre de ralentir le pas : « Je suis prise, me dit-elle, d'une migraine subite. N'était le scrupule de vous arracher à vos plaisirs, je retournerais paisiblement passer le reste de la soirée dans ma chambre, au coin du feu. — Mais, si vous ne venez pas au bal, m'écriai-je, que vais-je devenir! car, vous sachant malade, je ne puis, ni ne veux aller danser! — Eh bien! reprit-elle avec un doux abandon, si vous ne craignez pas de vous ennuyer avec une femme malade, nerveuse et mélancolique, à vos risques et périls, venez me tenir compagnie. » Qu'on juge si j'acceptai! Et nous voilà bientôt installés en tête-à-tête dans une chambre des plus élégantes et des plus coquettes, vrai nid d'amours.

Nous causâmes d'abord longuement de mon passé, qui semblait l'intéresser beaucoup; je lui racontai mes prouesses, qu'elle écouta avec complaisance ; enfin elle me pria de lui lire un roman qu'elle venait de recevoir le jour même de Paris. Mais nous n'allâmes pas loin dans cette lecture, vite oubliée d'ailleurs, et dont je ne me rappelle pas même le titre. Ce n'était point là ce qu'elle désirait entendre. Mais, je l'ai déjà dit, je manquais encore un peu d'audace. Pour me tirer d'embarras, je lui proposai de lui dire quelques pièces de vers, dont j'avais la mémoire alors bien meublée : *Tithon et l'Aurore,* de Moncrif ; *Ce qui plaît aux dames,* de Voltaire, quelques contes du bon La Fontaine. Elle parut y prendre un vif plaisir. Minuit sonnait déjà qu'elle n'avait pas encore songé à me renvoyer. Elle s'y décida pourtant, non sans un effort bien visible, mais en me faisant promettre de revenir désormais chaque soir, sans autre invitation, la distraire de sa solitude par mes récits et mes jolis contes.

Nous les reprîmes en effet dès le lendemain et plusieurs jours encore, tant, qu'à la fin, l'intimité croissante de notre tête-à-tête se prolon-

geait jusqu'au matin. Chers et tendres souvenirs, que de fois mon âme frémissante vous
évoqua de ce lointain passé !

Notre lune de miel durait encore sans le
moindre nuage quand sonna pour la garnison
de Sedan l'heure de son départ pour l'Espagne.

Ma belle amie, dans son désir de m'éviter
le péril des batailles et de me garder à Sedan,
m'offrit comme aide de camp au général X…
Cet excellent homme de général n'avait pas la
réputation guerrière et j'éprouvais quelque
peine à l'idée de vivre sous ses ordres. Heureusement, d'un mot, mon colonel, que je
consultai, trancha mes hésitations : « Vous
connaissez, me dit-il, l'opinion de l'Empereur
sur les aides de camp? Il prétend qu'à certains de ses généraux il en faut un pour la cuisine et l'autre pour la chambre à coucher. »
Tout fut dit, et mon départ aussitôt résolu.

Le moment des adieux fut déchirant et je
crus, dans ma candeur, qu'elle ne résisterait
pas à la séparation. Je me trompais : nous
n'en mourûmes ni l'un ni l'autre.

Après ces quelques mois délicieusement passés à Sedan et plusieurs stations en Normandie, le 14ᵉ de ligne fut dirigé sur Bayonne, où l'Empereur nous passa en revue. Se rappelant sans doute alors Rivoli, Austerlitz, Eylau, Friedland et tant d'autres batailles, il nous fit don de cent mille francs pour nos menus plaisirs et notre entrée en campagne.

Promotion au grade de lieutenant. — Le même jour je fus promu au grade de *lieutenant*. J'étais si loin de m'attendre à cet honneur que, lorsque mon nom retentit, lancé par une voix partant du groupe formé autour de l'Empereur, je le fis répéter deux fois. Alors, prenant ma course, j'arrivai avec la vitesse d'un boulet de canon qui finit ses ricochets et m'arrêtai droit en face de Napoléon. « De quel corps sortez-vous, interrogea-t-il de sa voix brève? — Des premiers Vélites de votre Garde, sire, à Eylau. — Faites passer! » Et comme je reculais de quelques pas, saluant de l'épée : « Tiens! fit-il, votre arme est émoussée. —

Sire, répondis-je dans le plus grand trouble, les ennemis de Votre Majesté n'ont jamais fait cette remarque. » Quoique bredouillées d'une voix étranglée par l'émotion, ces paroles furent entendues, comprises ou devinées, me sembla-t-il, car un sourire approbatif accompagné d'un de ces regards profonds qui pénétraient l'âme, en fut la récompense.

Et je partis, plein de courage et d'espoir pour ce siège de Saragosse où je devais, hélas! payer bien cher cette joie d'un instant.

CHAPITRE III

GUERRE D'ESPAGNE. — SARAGOSSE
1808-1809

Arrivée devant Saragosse. — Position, défenses de la ville. — Les moines. — Les femmes. — Héroïsme de la belle Agustina. — Premier assaut. — Résistance furieuse. — Proclamation de dom Bazile. — Batailles des rues. — Brusque levée du siège. — Bataille de Tudéla. — Second siège. — Prise du Montetorero. — Junot remplace Moncey. — Lannes prend la direction du siège. — Mort du commandant Stahl. — Divers épisodes du siège. — Prise de l'Université. — Le général de Feuchères. — Capitulation de la ville. — Épisodes divers. — Palafox.

Guerre d'Espagne. — La guerre d'Espagne fut un malheur pour la France ; la haute moralité de Napoléon, jusqu'alors sans tache, y perdit quelque peu de sa réputation. Ses combinaisons furent d'ailleurs mal comprises, mal exécutées. Les lieutenants de l'Empereur ne se doutaient même pas de la guerre qu'ils faisaient. Ils devaient échouer. Napoléon s'en aperçut bientôt, mais trop tard pour revenir sur ses pas : on était déjà aux prises. — Fallait-il laisser la Péninsule sous l'influence anglaise, fallait-il la laisser vivre sous le gouvernement des Bourbons si mal disposés pour nous? — Si Dieu eût aimé l'Espagne il l'eût laissée entre nos mains. Ses dissenssions se seraient effacées, sa prospérité, son avenir n'eussent pu que gagner à la domination de la France. Dans cette guerre sans merci, l'Espagne a conquis un peu de gloire derrière ses murs crénelés et par le puissant appui des Anglais, mais elle l'a ternie par ses atrocités inouïes, par la plus honteuse barbarie.

Arrivée devant Saragosse. — Lorsque nous arrivâmes devant Saragosse insurgée contre le pouvoir impérial, nos troupes occupaient déjà les principales positions qui dominent la ville. Les assiégés ne pouvaient communiquer avec le reste du pays que par un faubourg situé sur la rive gauche de l'Elbe. La faiblesse numérique de nos moyens ne nous permettait pas de compléter le blocus sur ce point.

Position, défenses de la ville. — Ce faubourg
est relié à la ville par un beau pont. Le château de l'Inquisition, entouré de larges fossés,
flanqué de tourelles bastionnées, communique
avec lui par une caponnière palissadée ; le couvent de Saint-Joseph, sur la rive gauche de la
Huerba, affluent torrentiel de l'Ebre, également muni de fossés, constituait une seconde
tête de pont.

La Huerba forme angle aigu avec l'Ebre ; la
ville est établie précisément au confluent de ce
ruisseau avec le fleuve. Dans cette position, elle
serait presque imprenable si elle n'était domi-
née sur quelques points par une éminence,
dite le Montetorero, où passe le canal de
Bayonne ou plutôt d'Aragon, qui la commande
à un mille environ au sud-est.

Située sur la rive droite de l'Ebre, la ville
occupe le milieu d'une plaine fertile, couverte
d'oliviers, de céréales, de légumes et de fruits,
et vivifiée par une irrigation abondante ; mais

le travail de l'homme s'y laisse à peine entrevoir, tant sont paresseux les gens de ce pays.

Une muraille formée de pisé — boue mêlée de fragments de briques, de chaux et de plâtre — entoure la cité, sans doute pour favoriser la perception des redevances ; plusieurs grands couvents et autres bâtiments auxquels se relie la muraille lui servent de remparts. Elle a neuf portes. Maisons, couvents, églises, tout est construit en briques et ne saurait offrir à la bombe que meubles à incendier. Le boulet reste impuissant contre ce genre de construction : il fait trou, mais n'ébranle rien. Les rues sont étroites, tortueuses, sales, mal pavées, à l'exception du Coso, seule belle artère qui traverse le centre de la ville d'un bout à l'autre, où toutes les maisons sont ornées de balcons.

La manière dont les Aragonais suppléèrent à la faiblesse de leurs murailles et fortifièrent leur capitale est très remarquable et empreinte d'un patriotisme poussé jusqu'aux derniers sacrifices. Les détails du siège qu'il soutint prouvent combien ce peuple serait susceptible de grandes choses s'il était mieux dirigé, si la superstition, l'ignorance et l'Inquisition ne le rabaissaient au dernier niveau.

Les moines. — Les moines lui faisaient croire que Notre-Dame del Pilar était le palladium de Saragosse. La sainte avait promis de veiller au salut de la ville; le Père, le Fils et le Saint-Esprit devaient combattre en personne avec ses défenseurs; mais, malgré tous ces puissants motifs de sécurité, les habitants ne négligeaient rien pour leur défense contre ces Français mécréants, fils de l'enfer et du diable.

En cette malheureuse ville de Saragosse, les moines pullulaient. Leur influence sur la population fanatique était énorme; ils avaient d'ailleurs un excellent moyen d'exciter le patriotisme lorsqu'il fléchissait : des potences étaient dressées partout, à l'instigation d'un certain dom Bazile, moine inexorable contre quiconque parlerait de se rendre. Ces moines, on ne les voyait nulle part, mais leur influence partout se faisait sentir.

En 1808, don Guilherma, capitaine-général de la province, vieux militaire plein d'expérience et de sagesse, prévoyant les calamités qui menaçaient la capitale de l'Aragon si elle osait résister aux troupes françaises, voulut s'opposer aux intrigues de la gent monacale qui poussait à l'insurrection; il tenta même de désarmer le peuple. Mal lui en prit. Dom Bazile le déclara traître à la patrie, le fit arrêter, jeter dans les cachots de l'Inquisition en attendant son jugement, et le priva de son commandement. Le jeune et beau garde du corps, don José de Palafox, prit à sa place le gouvernement de la province. C'est lui qui avait accompagné Ferdinand VII à Bayonne. Il en revint sous un déguisement de paysan et prit la tête de la résistance à Saragosse.

D'après le recensement de 1787, les habitants étaient au nombre de vingt-huit mille, mais, à leur dire, la population avait doublé depuis lors et s'élevait au moins à cinquante-six mille âmes. Trois mille soldats réguliers, échappés de Madrid, et un bien plus grand nombre de paysans des districts voisins s'enfermèrent avec eux dans la ville. Ils jurèrent tous de s'ensevelir sous ses ruines et, pour leur malheur comme pour le nôtre, ils ne furent que trop fidèles à leur serment.

On commença par mettre à réquisition toute la toile propre à faire des sacs à terre. On les entassa devant les portes de la ville, afin de protéger les batteries autour desquelles, en outre, on creusa de profondes tranchées. Le mur d'enceinte fut percé sur tous les points utiles à la défense; les maisons furent criblées de meurtrières pour la mousqueterie, et les positions les plus avantageuses gardées par des bouches à feu.

Les femmes. — Les femmes de toutes conditions, la jeune et belle comtesse Burita en tête, animaient les combattants, distribuant vivres et rafraîchissements aux travailleurs; les enfants leur apportaient des munitions et des cartouches confectionnées par les moines dans leurs cellules.

Le feu d'une bombe ayant fait sauter, dans la ville même, l'unique manufacture de poudre qu'elle possédait, on y suppléa avec du soufre qu'on recueillait chez tous ceux qui en possédaient, avec le salpêtre des caves, avec le charbon provenant des tiges de chanvre, plante à très grandes dimensions dans les fertiles limons de l'Ebre. Et c'est ainsi que ces intrépides Espagnols parvinrent à établir une manufacture qui rendait jusqu'à trois cents livres de poudre par jour.

Depuis le commencement de ce qu'on nommait le *blocus* jusqu'à notre arrivée, il ne s'était point passé de jour sans quelques opérations sanglantes. Une des principales attaques avait été dirigée contre *la Portilla*, entrée nord de la ville, protégée par le château de l'Inquisition. Sa batterie, plusieurs fois détruite, autant de fois fut rétablie. Le carnage durait ordinairement toute la journée et devenait chaque fois plus terrible. C'est à la Portilla qu'une de ces héroïnes qu'on voit parfois surgir dans les

périls de la patrie sut immortaliser son nom
par son audace et son courage.

Héroïsme de la belle Agustina. — La superbe
Agustina, douée d'une taille de déesse, d'une
beauté incomparable, d'une énergie à toute
épreuve, n'était qu'une fille de basse origine,
mais dont l'âme et le courage ennoblissaient la
naissance. Sa présence partout redoublait l'ardeur des assiégés.

Un jour, l'indomptable créature servait les
combattants d'une batterie de la Portilla. Tous
venaient d'être tués; on ne trouvait plus d'ar-
tilleurs. Les soldats, frappés de terreur, refu-
sent de servir les pièces. Sans hésiter, Agustina
franchit le monceau de cadavres qui la sépare
de la batterie, met le feu aux canons, saute
sur un affût, et là, exposée au plus imminent
danger, faisant honte aux hommes, elle in-
voque Notre-Dame del Pilar et jure solennellement de ne quitter ce poste que morte, ou
suppléée. Cette rare intrépidité rend le courage aux défenseurs de la Portilla, et la résis-

tance se réorganise, plus furieuse que jamais.

Depuis ce jour, l'héroïne de Saragosse a porté un bouclier d'honneur brodé sur sa manche et recevait la solde d'un artilleur.

J'ai eu l'occasion de voir de bien près cette étonnante jeune fille. Elle était ravissante, sous son costume pittoresque, moitié féminin, moitié viril, — mais je n'essaierai pas d'en faire le portrait, la tâche est au-dessus de mes moyens. Qu'on sache bien seulement qu'en créant cette merveille le ciel avait épuisé en elle toutes ses ressources de beauté, de délicatesse et de vigueur.

Ma rencontre avec elle eut lieu dans une maison du Coso, au moment où s'y produisait, comme cela arrivait à chaque instant, une bagarre entre Espagnols et une quinzaine de nos grenadiers venus là dans l'espoir de quelque riche butin, ou seulement peut-être par bravade. Ceux-ci allaient passer un mauvais quart d'heure, quand ma brusque arrivée, en tête de mes voltigeurs, changea la face du combat. Déjà Agustina intimait l'ordre aux grenadiers de mettre bas les armes ou de mourir, lorsqu'un de mes caporaux la saisit à la gorge pendant que tombaient, sous une vive décharge, une partie de ses hommes, et que le reste disparaissait.

Pâle de colère et de surprise, immobile mais toujours superbe, Agustina m'interpelle d'un ton altier, où se mêlait pourtant quelque douceur : « Faites de moi, dit-elle, ce qu'il vous plaira, mais, *per dios!* si vous avez du cœur, ne livrez pas à la brutalité de vos soldats l'héroïne de la Portilla, la protégée de Notre-Dame del Pilar. Je sais que je suis belle, et vos yeux me le disent assez; mon honneur et ma vie sont en péril, faites que ce ne soit que ma vie. Cependant, ajouta-t-elle avec un coup d'œil rapide autour d'elle... *Veremos!* (nous verrons) ». Je la rassurai de mon mieux dans cette situation critique, puis, très ému, presque sincère, j'ajoutai : « Voulez-vous être ma femme? C'est le seul moyen d'éviter ce que vous redoutez.

— Alors, s'écria-t-elle vivement, je ne serais plus la protégée de Notre-Dame del Pilar!...

Encore si la paix était faite... Mais, à d'autres! vous ne pensez pas un mot de ce que vous dites. Je vous dois beaucoup : la vie pour sûr, l'honneur peut-être, vous êtes loin de me déplaire quoique Français, je vous le dis avec franchise, mais l'astuce de vos discours me donne une folle envie de vous fuir avec ou sans votre permission, sans attendre la nuit. » Elle était tout près de moi, son visage calme et souriant s'illumina soudain, on eût dit qu'elle priait: «O Vierge del Pilar! s'écria-t-elle en me jetant ses bras autour du cou et m'embrassant, adieu!...» Et aussitôt elle saute lestement par une fenêtre qui dominait un ciel ouvert, et disparaît.

Grenadiers et voltigeurs, par respect pour mon grade, s'étaient tenus à l'écart pendant ce bref colloque. Je me précipitai avec eux à la poursuite de la fugitive, mais il nous fut impossible de retrouver ses traces.

Premier assaut. — Le jour même de notre arrivée devant les murs de Saragosse, on venait de terminer les ouvrages destinés à les battre en brèche. L'assaut était ordonné pour le lendemain.

On forma un corps d'élite avec des voltigeurs pris dans les divers régiments qui composaient notre petite armée.

A une portée de fusil environ du centre de nos batteries se trouvait la porte de *Santa en Gracia*. Toutes nos bouches à feu furent braquées sur ce passage. Un Polonais, le *capitaine Mitraille*, dirigeait le feu. Il fit si bien, que peu d'instants lui suffirent pour faire disparaître porte et murailles et que le vaste cloître et toutes ses dépendances ne formèrent bientôt plus qu'un vaste amas de ruines.

Le feu cessant, nous sortîmes tout à coup de nos retranchements et fondîmes sur la brèche. La compagnie, que j'avais l'honneur de commander en l'absence du capitaine, formait la tête de la colonne d'attaque, et ce n'est pas sans quelque orgueil, je puis le dire, que je pénétrai l'un des premiers dans Saragosse.

Mais toutes les difficultés n'étaient point sur

montées. Les assiégés, bien convaincus de la fragilité de leurs murailles, avaient eu le soin de pratiquer des coupures, ou épaulements, derrière leurs faibles remparts, et l'amas de ruines que nous venions de faire leur servit de formidable redoute. Trop avancés pour oser reculer, le moindre mouvement rétrograde de notre part eût causé notre perte. Nous fîmes de nécessité vertu.

Je fus assez heureux, et assez fou, pour donner l'exemple en pénétrant dans le couvent par une embrasure de canon, sous les yeux mêmes du général Lefebvre-Desnouettes. — Il connaissait bien le cœur humain celui qui a dit : « La parfaite bravoure est de faire sans témoin ce que l'on serait capable d'exécuter en plein jour et à la face d'une armée. » — Confondu dans les rangs, j'avais toujours fait bravement mon devoir; à la tête d'une compagnie, je voulais me distinguer. Excité par l'amour-propre et sans doute aussi par le désir de conquérir l'étoile des braves, ce hochet tentateur si envié, je courais avec d'autant plus d'ardeur au-devant du péril.

Suivi de mes voltigeurs, je pénétrai dans la chapelle du couvent sans trop penser, je l'avoue, à la sainteté du lieu. Mes troubadours me donnèrent à cette occasion le surnom de *Rat d'église*. Du lieu saint, *poco à poco,* car nous étions fort exposés, nous nous répandimes dans la ville. Après mille chocs meurtriers, des coups de feu sans nombre; des houras furieux, nous gagnâmes *El Coso.* Le manque d'hommes nous empêcha d'aller plus loin. Nous nous établimes dans l'un des côtés de la rue, pour défendre et conserver le terrain conquis.

Notre général fit alors offrir la capitulation. Mais son héraut fut mal reçu et l'échappa belle. Une réponse, terrible dans son laconisme, ne nous laissa pas le moindre espoir de voir se décider de longtemps la reddition de la place : *guerra al cuchillo!* « guerre au couteau », fut le cri héroïque des défenseurs de cette malheureuse cité.

Résistance furieuse. — Pour appuyer leur

fière réponse, ils déployèrent contre nous tous les moyens. « Gare la *soupe à l'ail!* » disaient nos troupiers. C'étaient l'eau et l'huile bouillantes, le feu, les pierres, les poutres, qui tombaient sur nous comme grêle en temps d'orage, pour peu que nous missions les pieds à la rue ou le nez à une fenêtre. Et les vieillards, les femmes, les enfants postés partout, jusque sur les toits, n'étaient pas les moins redoutables de nos ennemis.

Seuls, les moines restaient toujours invisibles, quoiqu'en aient dit certains auteurs, qui mettent toujours du leur en racontant l'histoire. Les moines ne se montraient nulle part, je le répète. Je dois excepter pourtant de cette foule encapuchonnée, toujours à l'abri de nos coups, un homme qui faisait honneur au patriotisme des prêtres et préchait magnanimement d'exemple.

Sur tous les points où le péril était le plus menaçant, on était sûr de rencontrer le Père Jean-Jacosas, curé de l'une des paroisses de Saragosse. Alternativement et suivant les circonstances, il remplissait les fonctions de prêtre ou de guerrier, ici, administrant les mourants, là, combattant avec intrépidité. Je le rencontrai au détour d'une rue, le lendemain de mon aventure avec Agustina. Il était en train de donner l'absolution à un mourant; ma belle évadée, à ses côtés, l'assistait dans ses fonctions. Notre brusque apparition l'émut à peine. Il saisit l'arme du blessé et fit signe à ceux qui l'entouraient pour me désigner à leurs coups. Quatre de mes braves voltigeurs tombèrent et, si j'échappai à cette décharge, il me parut que ce ne fut point de la faute de ma jeune héroïne, car elle eut l'air de me viser avec méthode et sang-froid. On m'a assuré depuis que je m'étais trompé et que, sûrement, elle m'avait épargné puisqu'elle ne manquait jamais son but quand elle voulait l'atteindre. On ajouta, d'ailleurs, qu'elle avait toujours parlé de moi avec éloge et reconnaissance.

Nous étions maîtres, comme je l'ai dit, de l'un des côtés de la rue; les Espagnols soutenaient opiniâtrement leur position de l'autre. Aussi, le faible espace qui nous séparait fut-il bientôt jonché de morts et de blessés. C'était la guerre impitoyable, faite surtout de surprises nocturnes qui semblaient ajouter à notre acharnement réciproque.

Le 5 août, sur le déclin du jour, un convoi de vivres, escorté par trois mille hommes, soldats de la Garde royale et volontaires d'Aragon, entra inopinément dans la ville par le pont du faubourg, sous la conduite de François Palafox, frère du capitaine-général, et remplit de joie le cœur des assiégés.

Proclamation de dom Bazile. —- Un certain moine, dont j'ai déjà cité le nom, âme damnée de Palafox et grand épouvantail, par ses sévérités, des défenseurs de Saragosse, dom Bazile, fit aussitôt afficher, dans tous les quartiers de la ville, une proclamation si curieuse, si pleine de menaces et de bouffonnes superstitions, que je ne puis résister au désir de l'analyser ici. Il y était dit que quiconque parlerait de capitulation serait pendu sur l'heure; que les divers quartiers où les invincibles Espagnols avaient su se maintenir comme rocs battus par les vagues continueraient à être gardés et défendus avec la même vigueur; et qu'enfin, si l'ennemi, contre toute attente, était victorieux, ce qui était contraire à toutes les assurances de Notre très sainte, très glorieuse et très puissante Dame del Pilar, le peuple devait se retirer dans le faubourg, sur la rive gauche, détruire le pont et s'y défendre jusqu'à la mort : « Alors, ajoutait le moine, nous serons à même de juger du haut des cieux, où nous ne pouvons manquer d'aller en ligne droite, comment la Sainte se tirera d'affaire, car, en nous promettant la victoire, *elle nous aurait menti*, ce qu'à Dieu ne plaise. Ainsi soit-il! »

Je n'ai point lu cette proclamation de dom Bazile, mais je la tiens de plusieurs Espagnols et d'une jeune femme fort aimable, sage et très raisonnable, qui me l'a racontée aussi très sérieusement. Mais elle avouait que si la sainte ne disait pas toujours la vérité, elle avait ses raisons pour mentir.

Les Espagnols ont tant de confiance envers les bons Pères qu'ils avaient cru dom Bazile leur affirmant l'impossibilité de la prise de Saragosse par les Français. Il est vrai qu'elle fut si subite, impétueuse, inattendue, que nous trouvâmes ouverts tous les magasins, toutes les boutiques, et leurs marchandises étalées. Aussi, les premiers arrivés de nos soldats firent-ils une telle rafle de bijoux de toute espèce qu'ils en offraient de pleins schakos à leurs officiers et à leurs camarades venus après eux. Chacun de nos troupiers se parait de montres, de bagues, d'épingles, de pendants d'oreilles et de chaînes d'or.

Bataille des rues; brusque levée du siège. — Cependant les conflits les plus acharnés de rue en rue, de maison en maison, de chambre en chambre continuèrent jusqu'à la nuit du 13 août. Alors se répandit le bruit que dix mille hommes de troupes réglées s'étaient joints aux volontaires de Navarre, de Catalogne et d'Aragon, et marchaient ensemble à la défense de la capitale. Mais d'autres, probablement mieux informés, prétendaient que la capitulation de l'armée de Dupont, à Baylen, allait nous forcer à lever le siège.

Quoi qu'il en soit, le signal du départ fut en effet donné pendant la nuit même, et nous nous retirâmes en mettant partout le feu aux bâtiments que nous occupions dans la malheureuse cité. Notre retraite fut si bien combinée que, le 14 août au matin, les habitants furent ébahis de nous voir diriger tranquillement notre marche vers le nord, sur le chemin de Pampelune.

Bataille de Tudéla. — Palafox, enivré des éloges venus de toute part pour son héroïque défense, se crut capable des plus grandes choses et résolut de livrer bataille à l'armée française. Castagnos, qui se trouvait à Tudéla, n'était point de cet avis. On l'accusa de jalousie. La bataille fut décidée.

L'armée espagnole osa nous attendre de pied ferme, le 23 novembre 1808. Mais elle disparut à notre souffle, comme nous lui en avions donné une longue habitude, laissant entre nos mains bagages et canons, mais peu de prisonniers : les Espagnols sont si agiles! Cette armée comptait pourtant quarante-cinq mille hommes et quarante pièces d'artillerie.

Je me rappelle que j'étais en avant-garde lorsque le maréchal Lannes me cria en passant : « Il ne faut tirer avec ces messieurs qu'en les abordant à la baïonnette! — C'est la tactique du régiment, monseigneur! » répondis-je crânement. A la guerre un peu de jactance ne sied pas mal.

Je franchis le premier le pont de Tudéla; ma compagnie s'empara de plusieurs pièces de canon (1). Le compliment que m'adressa en public le colonel Henriot, qui d'ordinaire n'en était pas prodigue, fut si flatteur que je n'ose le reproduire, d'autant moins

(1) Voir à la fin du manuscrit : *États de services* de l'auteur.

que le hasard favorisa un peu mon action.

Après cette affaire, qui ne nous coûta pas grand'peine, mais qui fut pauvre en résultats, nous marchâmes de nouveau sur Saragosse.

Second siège de Saragosse. — Les horreurs du second siège surpassent de beaucoup celles du premier, et les actions d'éclat aux approches de la ville et pendant le siège furent aussi remarquables que nombreuses. On s'étonna de voir avec quelle promptitude, quelle science de la guerre les assiégés, en si peu de temps, avaient su accumuler les obstacles qu'ils nous opposaient à chaque pas.

Tout ce que l'art et la ruse combinés, une ardeur inlassable, un patriotisme inouï joint à un fanatisme incroyable avaient pu accumuler pour la défense d'une ville, presque entièrement ouverte dans ses approches, est inimaginable et fut exécuté avec une rapidité stupéfiante de la part des Aragonais, d'ordinaire si lents à l'ouvrage. Fortifications extérieures, batteries formidables et bien comprises, embuscades ingénieuses; mines et fougasses semées partout sous nos pas pour en ralentir la marche; approvisionnements fabuleux et de toute espèce, — ils avaient fait des miracles! Notre étonnement touchait à la stupéfaction.

De tous les ouvrages extérieurs, une étoile avancée aux approches de Montétorero, sortie de terre comme par enchantement, hérissée de vingt à trente bouches à feu, qu'il fallait nécessairement enlever avant d'atteindre les premières positions, nous parut le plus dur morceau à avaler.

Pour aborder ce fort improvisé, on avait à parcourir, sous le feu croisé des canons, un plateau d'au moins un mille de distance.

Le maréchal Ney venait d'arriver. Selon son habitude, tout de suite, il se mit à l'œuvre, et, sans se préoccuper nullement de la perte d'hommes qu'elle devait occasionner, ordonna l'attaque de la terrible redoute. Vauban, Turenne, ou le grand Frédéric n'eussent point approuvé cette dangereuse tactique. Heureusement pour nous, le duc de Conegliano (général Moncey) pensa tout autrement que le fougueux maréchal : il s'opposa formellement à si meurtrière témérité. Du fond de notre cœur, nous l'en remerciâmes sincèrement, car le sourire venait de s'effacer sur nos visages émus quand il nous fut donné de mesurer l'étendue du danger qu'il y aurait à surmonter pour enlever ce formidable obstacle ; on entendait les plus braves d'entre nous se charger les uns les autres de ce qu'ils appelaient *leurs dernières commissions*. Et ce fut avec un large soupir de soulagement qu'on apprit l'ordre immédiat signifié à Mgr le duc d'Elchingen (Ney) de partir pour Madrid.

En attendant de nouveaux renforts, le chef de bataillon Stahl, officier d'un grand mérite, commandant une avant-garde composée de huit compagnies de voltigeurs, tourna le fort de manière à contenir et observer les mouvements de l'ennemi. Pour nous garantir des projectiles, nous établîmes quelques batteries provisoires et de forts épaulements ; et, pour mieux cacher ces opérations, nous dûmes travailler de nuit et endurer, sans feu, ce froid des nuits d'automne, excessif en Espagne. Jamais les vieux soldats polonais n'avaient, disaient-ils, supporté de froid si piquant.

Prise de Montétoréro. — Dès le point du jour, plusieurs pièces du fort furent démontées; trois de ses caissons sautèrent. Sous peine d'une capitulation prochaine, l'ennemi fut contraint de déloger. Les choses ne se fussent point passées aussi aisément si les premiers ordres du maréchal Ney avaient prévalu. En cette occasion, brilla, dans toute sa supériorité, la méthode conservatrice de Moncey; mais il faut dire cependant qu'en d'autres circonstances aussi difficiles la témérité de Ney avait bien son avantage.

A Montétoréro, la compagnie que je commandais fut à peu près la seule à combattre. Nous prîmes un drapeau, et il ne fut nul besoin de renforts pour faire déguerpir de leur forte position et se réfugier en ville les Aragonais et les troupes régulières.

C'est le 10 décembre seulement que le maréchal Moncey put aborder les approches de Saragosse; nos premiers travaux de siège commencèrent le 19, à l'arrivée du maréchal Mortier, et ce fut le 21 qu'on entreprit les opérations préparatoires.

Le quartier général venait de s'établir à Montétoréro. Dès le lendemain de son installation, notre vaillant *Fabius*, comme nous appelions Moncey, faillit être écrasé par la foudre au moment même où il sautait du lit. Nous rendîmes grâces au Ciel de cette protection quasi-miraculeuse; nous n'étions pas fâchés aussi de trouver en défaut Notre-Dame del Pilar, à la vertu de qui l'on n'eût pas manqué de faire honneur de cette mort soudaine.

Les Espagnols multipliaient leurs sorties, mais on les repoussait si aisément que, pour excuser ses nombreuses défaites, Palafox trouva commode, dans un de ses ordres du jour, de les attribuer à la crainte particulière qu'inspiraient nos *cuirassiers* à ses troupes. Aussi,

menaçait-il impitoyablement de mort quiconque, soldat ou paysan, serait convaincu
d'avoir, dans une sortie, proféré ce cri
d'alarme : *Los corazos!* — mais nos troupiers
leur évitaient la peine de pareille exclamation :
ils allaient toujours à leur rencontre en poussant eux-mêmes ce cri d'épouvante qui, se
propageant de bouche en bouche, manquait
rarement son effet.

Le corps d'armée du maréchal Mortier se
composait de la division Gazan, qui fut chargée
de garder le faubourg sur la rive gauche de
l'Elbe, et de la division Suchet, qui s'établit
en armée d'observation à Calatayud, sur la rive
droite. On ouvrit les parallèles, on établit les
batteries, et le bombardement commença.

Junot remplace Moncey. — Junot, qui vint
bientôt après remplacer le maréchal Moncey
dans la direction du siège, commença par
ouvrir une seconde ligne de défense, les 29 et
30 décembre, à 160 toises en avant de la première. Le 10 janvier, nos batteries commen-

çaient le feu contre la tête de pont de la Huerba et contre le couvent de San José. Ce couvent, comme je l'ai déjà dit, est situé sur la rive droite de la Huerba. Défendu par un large fossé, il forme une seconde tête de pont.

A un signal donné, nous bondîmes hors de nos boyaux et nous élançâmes sur le bord du fossé. Heureusement on avait eu le soin de nous munir d'échelles, car quinze pieds de largeur sur dix de profondeur nous séparaient de l'autre côté. Nos pertes furent légères, comparées à celles de l'ennemi qui perdit trois cents hommes tués ou noyés, et une cinquantaine de prisonniers, y compris le colonel qui commandait le couvent.

En revenant de cette expédition, où j'étais allé en volontaire et comme aide de camp du commandant Stahl, je reçus d'un soldat de la garde du roi d'Espagne un si vigoureux coup de crosse sur le milieu du front qu'il me fit voir les étoiles en plein midi, mais, très heureusement pour moi, juste au moment où je venais de prendre pied sur le balcon que j'escaladais.

C'est un peu après cette fâcheuse rencontre, d'où je revenais fort endommagé et faisant piteuse mine, que je fus présenté au duc d'Abrantès (Junot). Il rit beaucoup de ma grimace, M. le duc; puis, selon sa généreuse habitude, il me promit une récompense... que j'attends encore. Moncey, lui, quand on lui rapportait quelque action d'éclat, exprimait d'abord ses regrets de son peu de crédit, promettait de la faire valoir, et songeait à sa promesse; Junot, au contraire, promettait beaucoup *en vertu de son influence à la cour*, et ce n'était pas de l'or en barre.

Junot avait plus de bravoure que de talents. Il ne manquait ni d'esprit, ni d'à-propos. Tout le monde sait qu'il devait sa fortune militaire au bon mot qu'il prononça à Toulon. Il écrivait sous la dictée de Bonaparte, quand un boulet vint frapper le mur qui lui servait de pupitre et couvrir de poussière tout l'entourage du général et la page d'écriture de son secrétaire. « Bon, dit Junot avec le plus grand calme, nous avions besoin de sable, en voici! »

Mais ce vaillant lieutenant de l'Empereur avait le défaut d'estimer son jugement, sa sagacité, ses mérites bien au-dessus de ceux des autres, et, — dans la circonstance actuelle, — se plaçait bien plus haut que le brave et loyal Moncey. Le *moi*, si haï de Pascal, était le mot de prédilection de Mgr le duc.

A son arrivée parmi nous, tout le corps d'officiers était allé lui rendre ses devoirs. Il nous reçut assez froidement, et eut le mauvais goût d'insister sur la pauvreté de notre mise. Or, nous avions déjà mangé assez de vache enragée autour de Saragosse pour avoir le droit d'espérer un meilleur accueil. Nos succès, dont nous étions fiers, justifiaient nos guenilles qui, chez la plupart d'entre nous, portaient les preuves irrécusables de leur contact avec l'ennemi. Le vieux et chatouilleux Henriot ne put y tenir, et, prenant brusquement congé : « Général, dit-il hautement, nous avons les habits percés, c'est vrai, mais autant de trous, autant de victoires ! »

Lannes prend la direction du siège. — Malgré la multitude de nos succès partiels, le maréchal Lannes vint, en qualité de lieutenant de l'Empereur, prendre la direction du siège. Tout d'abord, il jugea, d'après les moyens de résistance que possédait la ville, sa reddition fort peu probable dans un délai rapproché. Pour en finir plus vite, il résolut d'employer la sape et la mine.

Les dispositions de défense à l'intérieur de la place, pour ce second siège, consistaient en nouvelles et innombrables coupures de toutes les issues : jardins, couvents, rues, ruelles, les Espagnols avaient tout barré, tout garni de crénaux, de meurtrières, tout placé dans un dédale inextricable. Chaque rue était armée de canons, en sorte qu'il y avait autant de villes à prendre que de rues en Saragosse.

Les assiégés étaient au nombre de trente mille hommes de troupes réglées, secondés par soixante-dix mille habitants ou volontaires, tous bien armés de fusils de siège sortis des manufactures anglaises. Et cette formidable garnison s'était laissé enfermer dès notre première apparition! Nous n'avions pourtant à lui opposer que trente-cinq mille hommes, dont une moitié restait sur la rive gauche pour bloquer le faubourg et tenir la campagne contre les ennemis du dehors. Et c'est l'autre moitié, environ dix-huit mille hommes, qui soutint seule, pendant cinquante-quatre jours de tranchée ouverte, un siège des plus meurtriers.

Les jeunes conscrits, qui nous arrivaient directement de leurs dépôts, malgré le faible avancement de leur instruction militaire, se montraient toujours gais et hardis. Je n'en citerai qu'une preuve. Cette vaillante jeunesse se faisait un jeu d'aller, en rasant la terre, s'accrocher et se suspendre par les mains aux canons des fusils qui sortaient des meurtrières, pour les fausser et, par conséquent, les mettre hors de service.

J'ai déjà dit que le maréchal Lannes, dès son arrivée, comprit la nécessité de nouveaux moyens pour activer le siège. Il décida donc de faire coopérer le 5ᵉ corps à l'attaque du faubourg, et fit partir Suchet de Calatayud pour disperser les rassemblements qui menaçaient nos derrières. Ce mouvement fut admirablement exécuté. En même temps, il ouvrit une troisième parallèle pour aborder le mur d'enceinte, — et les voltigeurs furent encore de noce.

Mort du commandant Stahl. — A peine les nouvelles brèches aux immenses bâtiments, qui servaient à la fois d'huileries et de murs d'enceinte, furent-elles praticables, que nous nous élançâmes avec notre impétuosité ordinaire. Le succès ne tarda pas à couronner nos efforts. Mais, hélas! aux joies de la victoire vint se mêler, pour moi surtout, une cuisante amertume : le malheureux et vaillant commandant Sthal fut blessé à mort. Chaque jour, l'armée avait entendu le récit de ses prouesses; ses voltigeurs l'adoraient. Sa perte fut cruellement ressentie. Stahl réunissait, à toutes les qualités du chef d'avant-garde, une extrême bonté. Quelques instants avant l'attaque, dans un des moments d'épanchement familier qu'il avait avec moi, il me disait : « A la guerre, il faut du génie; mais le génie est rare. Il faut y suppléer par le bon sens. Le bon sens, le sens moral et la fermeté, qui n'est autre chose, elle, que la bravoure, jouent un grand rôle dans notre métier. Un peu d'audace et même un peu de témérité joints à tout cela font encore parfois de beaux coups. » Il eût pu ajouter, le hasard et la fortune aussi.

Je gardais une brèche enlevée par ma compagnie à deux pas de lui, quand il reçut le coup fatal. Une balle, partie de près, lui avait traversé les deux cuisses et fracassé les fémurs. Le commandant ne s'abusa point sur la gravité de son état : il savait, par expérience, combien toute blessure, lors même qu'elle ne portait que dans les chairs, était dangereuse sous ce climat meurtrier. Avec la même liberté d'esprit qui ne lui faisait jamais défaut, il continua à me donner ses ordres.

J'avais eu le bonheur de gagner sa confiance, et je la payais d'un attachement bien sincère. A l'instant où je le soutenais dans mes bras, quelques larmes que je ne pus refouler s'échappèrent de mes yeux. Il les vit et me dit en souriant tristement : « Mon sort vous arrache des pleurs que vous n'oseriez donner au vôtre, si vous étiez à ma place. Que cette triste occasion vous apprenne à vous roidir contre la destinée. Mais laissons cela et occupons nous d'affaires urgentes : les mondaines d'abord; les autres me regardent. Je vous recommande ce brave homme (un voltigeur nommé Milot, qui s'était plusieurs fois distingué). Dites au général Habert qu'il ne doit point l'oublier dans les récompenses, — d'ailleurs j'ai sa parole; dites-lui qu'en mourant je compte sur ce qu'il m'a promis… Et maintenant, embrassez-moi, recevez mes vœux et mon dernier adieu. Retournez à votre poste. Et si jamais vous revoyez Mlle***, dites-lui que les derniers battements de mon cœur furent pour elle. »

On l'emporta à l'ambulance où il expira

deux jours après. Cette perte fut cruelle à mon âme et, peut-être aussi, fatale à ma carrière : Stahl était de taille à faire son chemin ; il me semblait que je pouvais le suivre... de loin. Et puis, je regrettais d'être la cause indirecte de sa mort. Le général Habert, auprès de qui je remplissais les fonctions d'officier d'ordonnance, m'avait un jour confié son embarras sur le choix d'un chef de bataillon capable de commander le corps de voltigeurs qu'il avait l'intention de créer. Je nommai Stahl. Habert voulut le voir, et quand il l'eut vu tout fut dit : le corps d'élite fut mis sous ses ordres.

Divers épisodes du siège. — A dater de ce moment, la mine, la sape et le bombardement ne cessèrent de poursuivre les assiégés. A ce triple moyen de destruction se joignirent bientôt les terribles effets d'une épidémie qui ravagea Saragosse. On ne sera point étonné que près de cent mille âmes (1), aient été victimes de ces

(1) L'histoire dit cinquante à soixante mille.

L'éditeur.

10

deux sièges, inouïs dans l'histoire. A mesure que nous prenions une maison, nous la trouvions pleine de cadavres. L'air en était empoisonné. Bon nombre d'entre nous n'y résistaient pas. Ce genre de guerre est ce qu'il y a de plus révoltant dans le métier des armes.

Les assiégés nous étaient de beaucoup supérieurs en nombre; ils auraient dû nous chasser de prime abord et sans beaucoup de peine. Mais la croyance en Notre-Dame del Pilar et aussi la peur des potences, dressées par les moines dans toutes les rues, les clouaient dans la ville d'où ils avaient la stupide certitude de ne pouvoir jamais être expulsés. Il est vrai de dire que nous étions admirablement partagés en fait de chefs : Lannes, directeur général; le général Lacoste, le colonel Rognat, le commandant Haxo, tous les trois de l'arme du génie, avec des officiers et des soldats de fer qui faisaient des prodiges. Enfin, pour compléter cette pléiade de héros, je ne dois point oublier le général Delong, qui dirigeait l'artillerie, ni le brave Junot qui, tout en piaffant, donnait l'exemple, ni Mortier, ni Suchet qui préludait à une belle carrière, ni Gazan... et tant d'autres!

Les assiégés avaient à nous opposer cent soixante bouches à feu, mais leurs chefs n'avaient ni le génie, ni le talent, ni même l'audace des nôtres.

Le capitaine général espagnol, don José de Palafox, n'avait pour aides et conseils que ses deux frères, le marquis de Lassan et François Palafox. Les moines gouvernaient avec lui et le plus souvent sans lui. De même qu'ils faisaient pendre tous soldats et paysans qui laissaient voir la moindre lassitude, ils eussent fait pendre les trois frères.

Quant à nous, dès que nous eûmes franchi le mur d'enceinte et pris les premières maisons, nous devions pénétrer chaque jour plus avant dans ce cloaque de rues tortueuses, toutes fortifiées, obstruées de balles de laine, pour donner ou recevoir la mort. Et ceux qui, ce jour-là, avaient été assez heureux pour y échapper devaient retourner le lendemain dans ce gouffre béant et s'y engloutir de nouveau. Nous n'étions en sûreté nulle part. A tout instant, séparés de nos ennemis par une simple cloison, nous pouvions communiquer avec eux sans les voir. Bientôt cette faible barrière tombait sous les coups de nos sapeurs; nous nous précipitions dans la brèche sans savoir ni qui, ni quoi nous trouverions derrière. Le plus souvent c'était la mort.

Un jour, un officier espagnol, qui occupait un premier étage, conversait dans l'escalier avec un de nos officiers polonais. Il offre loyalement à son adversaire de trinquer ensemble à la prompte terminaison de la guerre. Le Polonais accepte volontiers : se battre et boire a toujours été la devise de nos braves alliés. On se donne mutuellement parole de respecter la liberté l'un de l'autre, et voilà l'Espagnol qui apparaît bouteille et verres en main. A peine avaient-ils trinqué et savouré le premier coup, qu'arrive un officier supérieur de ronde. Il s'étonne de la présence d'un ennemi, ne veut rien entendre, le constitue prisonnier et le con-

duit devant le maréchal Lannes. L'Espagnol se
récrie contre l'infâme guet-apens dont il est
victime. Mis au courant, le loyal duc de Montebello l'apaise, lui assure qu'il est libre et l'in-
vite à prendre place à sa table où l'on sert le
repas. Puis, il ajoute avec bonté que l'officier
de ronde n'avait eu d'autre désir, en l'ame-
nant chez lui, que de lui présenter un brave.
Le dîner fini, notre Espagnol charmé fut recon-
duit dans la place, au poste même qu'il occupait.

Lorsqu'il y arriva, je venais de relever le
Polonais. J'eus l'idée de proposer à l'Espagnol
pareil échange de politesse, avec la secrète
pensée de le faire jaser sur la célèbre Agustina,
qui me revenait sans cesse au cœur. Mon Espagnol accepta, mais au premier mot que je
hasardai sur la belle inspirée de Notre-Dame
del Pilar : « Ah! s'écria-t-il, c'est donc vous
Señor don Frederico! Convenez qu'elle vous a
joliment bien joué! Il est vrai qu'elle avait
pour partenaire quelqu'un de plus fin et de
plus fort que vous! — Mais, lui dis-je, si je

l'avais bien voulu, elle ne m'eût point échappé.
— Allons donc, répliqua-t-il, on a vu Notre-
Dame en personne l'arracher de vos bras au
moment où vous la violentiez!… Vous avez été
fort heureux de vous en tirer à si bon compte!
— Mais, vous êtes dans l'erreur : elle a sauté
par une fenêtre. — Vous l'avez cru. C'est
Notre-Dame qui vous hallucinait. » J'eus un
moment l'envie de lui conter l'histoire du baiser qu'elle avait déposé sur mes lèvres, et du
tendre adieu qu'elle m'avait adressé avant de
s'enfuir, mais à quoi bon? — Il eût cru, dans
son fanatisme, que Notre-Dame, pour mieux
se jouer de moi, avait elle-même pris la place
d'Agustina. « A-t-elle des amants, lui de-
mandai-je? — Les saintes n'en ont pas, fit-il
sentencieusement. » Et nous nous séparâmes
bons amis.

Je conservais encore l'espoir de rencontrer
ma superbe héroïne ou de la surprendre derrière quelque muraille, mais en vain. Et ceux
des prisonniers à qui je demandais où il serait
possible de la voir me répondaient avec con-

viction que la vierge de la Portilla n'avait jamais de poste assigné, et que, guidée par Notre-Dame del Pilar, elle était partout où se trouvait la victoire, jamais où l'on était vaincu.

Prise de l'Université. — Le 18 février, le faubourg fut enlevé par le maréchal Mortier. Nous occupions une grande construction située en face même des vastes bâtiments de l'Université. — Dès que notre mine eut fait explosion, je me précipitai en donnant le signal et l'exemple de l'assaut. Mais nous ne fûmes pas plutôt dans la rue qu'une terrible fusillade nous accueillit par devant, par derrière, de tous les côtés à la fois. Heureusement, paysans et bourgeois espagnols tiraient à peu près les yeux fermés et au hasard, mais le fracas de leur tir n'en causa pas moins un instant d'hésitation parmi les nôtres. Quant à moi, j'étais déjà dans les décombres, suivi de quelques hommes, faisant feu sur tout ennemi qui se laissait apercevoir. Jusqu'au grade de capitaine, un chef doit payer de sa personne.

En voyant la courte hésitation d'une partie de ma petite colonne, tous les hommes qu'on trouva sous la main nous furent envoyés. Le brave sous-lieutenant Saint-Larry, comprenant bien que, dans ces sortes de conflit, le triomphe dépend de la vigueur d'un premier élan, se dévoua sans hésiter à une mort presque certaine et s'élança vers moi. Je puis lui rendre hautement cette justice : son beau mouvement décida du sort de l'Université. Alors on crut entendre sonner le glas de Saragosse. Et cependant, ce jeune sous-lieutenant et moi nous fûmes oubliés dans la distribution des récompenses, qui se fit, il est vrai, bien plus tard après le siège et quand nous étions déjà prisonniers l'un et l'autre.

J'eus donc l'insigne honneur de m'emparer des vastes bâtiments de l'Université. C'était un point capital : les assiégés en avaient fait une redoutable forteresse contre laquelle avaient échoué plusieurs compagnies de *grenadiers*. Ce qui n'a pas empêché M. Thiers de faire à ce corps d'élite l'honneur de ce brillant coup de main, dans son *Histoire du Consulat et de l'Empire*. Et voilà comment on écrit l'histoire.

M. le général de Feuchères, alors aide de camp du général Habert, peut faire foi de ce que j'avance, et mes états de services (1) également. — Il est vrai que, de toutes les mines qu'on fit jouer autour de l'Université, celle qui m'ouvrit le passage fut la seule à produire un effet décisif, toutes les autres n'ayant causé que des éboulements. Dans cette action nos pertes furent moindres qu'elles paraissaient devoir l'être.

Le surnom de *Recteur de l'Université* me fut appliqué par le général Habert lui-même. Cette plaisanterie chatouilla fort agréablement ma petite vanité : à défaut du rameau dont se couvre le général, le moindre brin de laurier suffit à l'amour-propre du soldat.

Le général de Feuchères. — M. de Feu-

(1) Voir, à la fin de cet ouvrage, les *États de services* de l'auteur.

L'éditeur.

chères (1) fut le premier qui parvint jusqu'à nous, dans l'Université, à travers mille périls. Il venait nous transmettre les ordres du général Habert et nous donner des conseils qui nous furent fort utiles sur les dispositions à prendre.

Je me souviens qu'en traversant la bibliothèque, composée d'une longue série de vastes salles où nous étions établis, M. de Feuchères rencontra sous ses pieds un manuscrit précieux. C'étaient les chansons encore inédites de l'illustre auteur de *Don Quichotte*. Ce manuscrit est probablement resté en possession de Mme de Feuchères, veuve du général (1).

En ma nouvelle qualité de *Recteur de l'Université*, je fis choix dans la bibliothèque de quelques belles éditions, luxueusement reliées, des principaux auteurs du XVII° siècle et les envoyai en présent à mes chefs.

(1) M. de Feuchères était un officier de grand mérite, un homme plein de délicatesse et du plus loyal désintéressement. Doté d'une fortune colossale, il préféra l'honneur aux richesses. Tout citoyen de Nîmes doit garder la mémoire du général Feuchères et transmettre sa gratitude à la postérité.

Capitulation de la ville. — Le lendemain, 19 février 1809, la ville capitula. Elle avait soutenu coup sur coup deux terribles sièges. Ma compagnie y fut deux fois complètement renouvelée. Au premier siège, je n'avais perdu que trente hommes ; à mesure qu'un voltigeur manquait dans les rangs, j'avais l'autorisation de choisir dans le régiment, sauf parmi les grenadiers, l'homme qui me convenait le mieux.

Pendant toute la durée du second siège, comme pendant celle du premier, les voltigeurs du 14ᵉ n'ont cessé, jour et nuit, du 29 décembre 1808 au 21 février 1809, d'attaquer ou de se défendre, c'est-à-dire de combattre et de vaincre, et j'ai toujours vu cet intrépide régiment sinon brillant de tenue, comme l'aurait voulu le général Junot, du moins merveilleux d'ordre et de discipline.

Pendant les guerres de la Révolution et de l'Empire, le 14ᵉ a moissonné, en vingt-trois ans, plus de lauriers qu'il n'en avait glané en deux siècles.

La prise de Saragosse est le fait le plus éclatant de toute la guerre d'Espagne; il fut aussi le plus mémorable et le plus meurtrier de tous les sièges qui ont eu lieu dans l'histoire. Il faudrait un Homère ou un Virgile pour chanter dignement tant de hauts faits.

Quand nous pénétrâmes, après sa chute, dans cette cité désolée, les morts faisaient sentinelle aux portes. Ce n'était qu'une affreuse nécropole, qu'un hideux charnier où régnaient un silence de mort, la famine et la peste, tout ce que la guerre a de plus effroyable en ses horreurs.

Divers épisodes. — En y entrant, je fus désigné pour aller prendre possession du château de l'Inquisition. Les moines avaient fait jeter dans ses lugubres prisons ceux qu'ils flétrissaient du nom de *traïdor* et qu'ils réservaient pour la potence, quand leur exécution n'avait pas lieu de suite, ce qui était fort rare. J'eus le bonheur de délivrer de ses fers le capitaine-général Guilherma et quelques autres victimes de la rage monacale. Le plus fort ressentiment de ces malheureux prisonniers se portait contre Palafox, faible et soumise créature de dom Bazile. J'ai appris cependant, par la suite, que Palafox avait fait emprisonner Guilherma afin de lui sauver la vie.

Dom Bazile faisait tout trembler dans Saragosse ; c'est à son commandement que se dressaient et fonctionnaient les potences, tant que dura le siège ; c'est lui qui faisait mutiler les prisonniers et les exposait en cet état sur les remparts, — les Italiens et les Polonais surtout.

Ce célèbre moine, âme damnée de l'insurrection, l'organisateur de la résistance et des potences, fut passé par les armes dès notre entrée à Saragosse. Il ne voulait pas mourir. Il offrait aux soldats du peloton sa montre, de l'or, beaucoup d'or et faisait les plus belles promesses pour qu'on lui laissât la vie. Il fut tué sans miséricorde, tué comme un chien enragé, à coups de baïonnettes, et son corps jeté dans l'Ebre. Sa robe s'accrocha quelques instants à

l'un des pieux plantés sous le pont pour indiquer le passage des bateaux. Son exécution fut
bien vue des Espagnols.

Ce jour-là, j'avais reçu l'ordre verbal du
maréchal Lannes de garder strictement l'entrée
de la Portilla. Ma consigne était sévère,
absolue; sous aucun prétexte je ne devais
laisser pénétrer âme qui vive dans la place.
Or, à peine établi à mon poste, se présente
M. de Brancas, colonel d'artillerie, qui prétend
passer outre. Le grand seigneur s'irrite de mon
refus, m'exhibe un ordre du chef d'état-major;
mais je tenais le mien du maréchal lui-même,
rien ne put me faire fléchir : ni plaintes, ni
menaces, ni propos presque sans retenue, ni le
nom retentissant des Brancas. Je ne répondis à
cette jactance qu'en faisant croiser la baïonnette. L'amour du devoir, la ferme volonté de
le remplir font supporter l'épigramme comme
l'injure.

La branche des Brancas a dû reverdir avec
la Restauration. Cette famille possédait de
hauts titres dans trois royaumes à la fois :

marquis à Naples, ils avaient la grandesse en
Espagne, et la pairie en France. Mais de tout
cela il ne doit plus guère rester que des par-
chemins vermoulus.

On conçoit aisément que la bombe, la sape,
la mine et le canon eussent porté un ravage
infernal dans la capitale de l'Aragon. Les maisons les moins endommagées n'offraient plus
que ruine, extrême misère. Mais le Français
cherche et partout sait trouver le plaisir. Il
sut le fixer sur les débris fumants de la malheureuse cité. On organisa bientôt une troupe
d'artistes amateurs, on leur adjoignit quelques
comédiens du théâtre de Saragosse; on donna
des représentations, des fêtes, des concerts,
des bals où les femmes se rendaient en foule,
sans leurs maris, s'entend, — car tous les
hommes, moins les sexagénaires, étaient partis
comme prisonniers. Ces dames déclaraient
bien ne s'amuser à toutes nos fêtes que *par
ordre*, mais le diable n'y perdait rien : leur
résignation était plus que sincère; le passé

s'oubliait en dansant; même sous les vêtements de deuil, on sentait renaître la joie de vivre dans ce pays de volupté!

Palafox. — Je fus, un beau matin, commandé de garde temporaire chez Palafox encore malade. J'étais même désigné pour l'accompagner jusqu'en France, d'où il devait être dirigé sur l'Italie. Ce fut dans ces circonstances que je fis connaissance du héros de Saragosse. Il me parut plus capable de causer des insomnies aux belles Aragonaises qu'aux généraux de Napoléon. Il était en effet très beau garçon, mais ses vertus militaires n'arrivaient pas à la hauteur de leur réputation. Cependant, il était généreux et brave.

J'avais pour consigne de garder mon prisonnier à vue. Depuis la décision qui le condamnait à l'exil, le malheureux gouverneur s'était vu abandonner de tous ses courtisans. Il ne restait plus chez lui que son valet de chambre, son médecin et une superbe jeune dame, de haut parage, disait-on. Le valet de chambre se faisait tirer l'oreille pour suivre Palafox en France et posait des conditions; le médecin prétendait ne point accompagner son malade. Je dus imposer ma volonté à l'un et à l'autre, et exiger qu'ils feraient leur devoir jusqu'au bout, sous peine de porter les conséquences de leur inhumanité. Quant à la dame, jusqu'alors très hautaine envers moi, elle devint tout à coup des plus aimables, devant ma fermeté, et mit dès lors à me plaire tout ce qu'elle avait de beauté et de grâces. Or, je sus bientôt que, sous prétexte d'adoucir le sort de son cher *Palafoxito* et se concilier ses geôliers, elle passait de mes bras dans ceux des généraux, jeunes ou vieux, pour prodiguer ensuite les mêmes faveurs à tous leurs aides de camp, et descendre enfin jusqu'aux Riz-pain-sel. Bref, cette prétendue amante passionnée du défenseur de son pays n'était qu'une Messaline. Je rompis tôt avec elle.

Quand fut décidé le jour du départ, Palafox, son valet de chambre, mon caporal Milot et moi, partîmes dans la même voiture. J'avais des ordres terribles : à la moindre tentative pour délivrer le prisonnier en cours de route, je devais lui brûler la cervelle.

Mon caporal Milot voyant tout l'ennui que me causait cette dure consigne : « Tranquillisez-vous, mon lieutenant, dit-il, vous n'aurez pas à prendre cette peine. C'est moi qui me charge avec plaisir de la corvée, et, soyez tranquille, je ne le manquerai pas! »

Heureusement, nous n'avions pas fait un quart de lieue, dans la direction de la Maison blanche, quartier général du maréchal Lannes où je devais prendre mes dernières instructions, qu'ordre me fut signifié de rétrograder et de ramener mon prisonnier à Saragosse.

CHAPITRE IV

Poursuite des guérillas. — Le pauvre 14ᵉ, qui
avait tant souffert pendant les deux sièges, eut
à peine le temps de prendre un peu de repos
pendant son séjour à Saragosse : quelques
partis catalans, sous le nom de *guérillas*, com-
mençaient à se répandre en Aragon. Le général Habert fut chargé de les poursuivre et de
les dissoudre. Nouveaux Carthaginois, après
les délices de Capoue, nous allions faire la

triste épreuve de l'inconstance de la fortune.

Les miquelets étaient partout où nous n'étions pas ; ils disparaissaient devant nous. Il les fallait dépister. Retranchés derrière les fougueux torrents descendus des Pyrénées à ce moment de la fonte des neiges, tenant toujours les hauteurs, ils nous laissaient suivre les vallées innombrables, aux bords de leurs ruisseaux démesurément grossis. Nous aurions dû, comme les Espagnols, nous tenir à cheval sur le versant des collines, et, instruits par les *Commentaires de César* et l'échec du duc d'Orléans au siège de Lérida, en 1710, lors de la guerre de la Succession d'Espagne, nos chefs auraient dû se méfier des bas-fonds. Nous fûmes victimes de leur imprévoyance.

Débordement des rivières. — Le 16 mai 1809, par un temps d'orage, les voltigeurs de la brigade Habert arrivèrent à Pomar, village situé sur la rive droite de la Cinca, affluent aragonais du Sègre, près de son confluent sur l'Elbe. Nous eûmes une peine infinie à passer cette rivière qui, dans les temps de pluie et de la fonte des neiges, acquiert toute la force, le volume et l'impétuosité d'un torrent. Nous chassâmes les miquelets loin de ce fatal ruisseau et nous vînmes bivouaquer sur sa rive gauche jusqu'au lendemain. Ayant alors reçu un renfort de deux compagnies de grenadiers du 121ᵉ de ligne, nous prîmes la direction de Monzon, petite ville sur la rive gauche de la Cinca. Des quatre-vingts cuirassiers qui avaient reçu l'ordre de passer à la nage pour venir à nous, trente-sept seulement réussirent à nous rejoindre. Le reste se noya, hommes et chevaux.

Isolement. — Nous voilà bientôt privés d'ordres, de direction, livrés à nous-mêmes, entourés d'ennemis dont la principale force paraissait nous attendre à Monzon. Quoique fort nombreuses, nous dissipâmes aisément toutes ces troupes, mais reconnaissant qu'il nous était impossible de repasser la Cinca sur ce point, nous revînmes nous établir vis-à-vis Pomar.

Le prodigieux accroissement des eaux venait

d'entraîner le bac. Cet accident nous contraignit à rester là jusqu'à nouvel ordre.

Comme chacun de nos détachements, du point où il avait cessé de combattre, avait fait retraite, il ne nous fut pas possible, avant le ralliement complet de nos forces, de voir qu'il nous manquait deux officiers et quelques voltigeurs, obstinés à la poursuite des miquelets. Tous les détachements que nous envoyâmes à la découverte, pour les secourir ou les rallier, revinrent sans eux. Ce fut là notre premier chagrin.

Cependant nos blessés souffraient; nous manquions de vivres; les cartouches devenaient rares et précieuses, et nous n'apercevions, de l'autre côté de l'eau, aucun de ceux de la brigade que nous y avions laissée.

Dans une telle situation, engager de nouveaux combats sans aucune possibilité de repasser le torrent qui ne cessait d'enfler parut une grosse témérité au capitaine à qui était échu le commandement par ancienneté : le chef de bataillon qu'on nous destinait n'avait

pu nous rejoindre, puisque, juste au moment
où il recevait ses instructions sur le but de l'expédition, le bac venait d'être emporté.

On délibéra longuement. Nos recherches
cent fois réitérées pour trouver un passage
n'aboutissant pas, il fut décidé qu'on descen-
drait la Cinca jusqu'à la petite ville de Fraga
qui possédait un beau pont. Mais voilà que,
chemin faisant, on nous informe plusieurs fois
qu'une forte colonne espagnole venait de se
réfugier et se fortifiait dans cette ville. Il fallait du canon pour l'en déloger, et nous n'en
avions pas. Notre beau plan était donc flambé.
Nous essayâmes de radouber une mauvaise
barque, abandonnée sur la rive, mais tous nos
efforts pour la rendre flottable furent vains. Il
ne nous restait qu'un seul moyen d'effectuer
notre retraite, c'était de remonter le torrent
du côté de sa source, vers les Pyrénées, dans
l'espoir d'y découvrir la brigade, ou d'y rencontrer un gué praticable. Mais quel trajet!
Sans carte, sans provisions, presque sans cartouches, avec des guides dont la fidélité était

plus que suspecte, avec un vieux capitaine, le capitaine Richard, très brave assurément, mais ignorant le but de notre expédition. Encore si l'on avait pris le parti de suivre les hauteurs, comme le voulait la froide raison et comme le conseillaient quelques jeunes officiers; mais nos capitaines, vieux aux idées obscurcies par la fatigue plus que par l'imminence du danger, décidèrent de longer la rivière. Ce fut notre perte.

Le 20 mai, à l'aube, nous aperçûmes, en ouvrant les yeux, l'ennemi formant cercle autour de nous sur toutes les collines. Que faire? — Nous reprîmes notre marche au bord de l'eau, mais la crainte de manquer de cartouches pour un moment décisif plus pressant nous fit éviter les Espagnols le plus possible, tout en allant vivement à eux à la baïonnette, quand ils faisaient mine de nous serrer de trop près.

Résistance désespérée. — En passant sous Fons, gros village sur une hauteur, nous fûmes assaillis par une vive fusillade à laquelle se mêlait le feu de deux pièces de petite artillerie, qui nous firent éprouver quelques pertes. Nous doublâmes le pas, toujours en bon ordre, pour aller prendre position à demi-portée de fusil de la rivière. A peine avions-nous exécuté cette manœuvre que plusieurs milliers d'hommes bien armés tombèrent sur nous à l'improviste, et, j'ose à peine le dire, bien que nous ne fussions que six à sept cents voltigeurs ou grenadiers et une trentaine de cuirassiers, cette multitude prenait la fuite à chacune de nos charges. Mais nous subissions toujours quelques nouvelles pertes en hommes comme en munitions, tandis que l'ennemi ne perdait que des paysans qu'il lui était facile de remplacer. Nous lui en tuâmes des quantités. Il nous fut aisé de compter leurs morts, après la dispersion de ce groupe de partisans.

Nous étions loin des Bulletins de la Grande Armée, nos efforts devaient rester ignorés, mais cette dernière rencontre nous rendit fiers de nous-mêmes. Avec de tels hommes, qu'eût-il fallu pour nous tirer de ce mauvais pas? Une bonne carte, un peu de pain, quelques paquets de cartouches !

Nos pauvres soldats étaient exténués de fatigue et de faim ; impossible de poursuivre à la baïonnette un ennemi qui ne l'attendait pas ; — et nous marchions toujours. Soudain nous fûmes arrêtés court par un large torrent qui se précipitait dans la Cinca avec un fracas terrible.

L'ennemi, qui de ses hauteurs suivait nos mouvements et nous accablait de coups tombant sur nous comme grêle, comprenait bien que nous ne pouvions lui échapper. Les victimes s'entassaient ; quelques hommes, pour échapper à ce déluge de coups, se précipitèrent dans les eaux du torrent et trouvèrent la mort dans ces flots écumants et glacés. D'autres, rendus furieux, gravirent les sommets pour combattre corps à corps. C'était encore un moyen désespéré, mais plus noble : tous, en effet, furent pris ou massacrés ; d'autres enfin, en plus grand nombre, à bout de forces et de courage, vaincus par l'infortune, se couchèrent sur le sol pour se rendre à discrétion.

Une centaine étaient parvenus à franchir le torrent. Quoique très bon nageur, j'hésitai longtemps à les suivre : il me semblait que c'était abandonner mes pauvres frères d'armes. Mais enfin, voyant qu'il était impossible autrement d'échapper à l'ennemi déjà en train de dépouiller les prisonniers couchés au bord de la rivière, je me jetai à l'eau et j'eus bientôt fait de la franchir. J'aurais pu tout aussi aisément traverser la Cinca, mais je ne pus me résoudre à cette apparence d'abandon et d'égoïsme vis-à-vis de mes infortunés compagnons.

Avant de franchir le torrent, j'avais fait provision de fusils et de quelques cartouches glanées dans les gibernes des morts. Du haut d'une petite éminence je parvins à les jeter de l'autre côté du ruisseau. Je pris alors le commandement de mes malheureux amis, essayant de réconforter, par quelques paroles d'encouragement et d'espérance, tous les cœurs défaillants de cette petite troupe, mais notre position était vraiment trop difficile, la retraite que je me proposais pour la nuit, trop hasardeuse.

Pendant ce temps, les Espagnols, irrités de l'opiniâtreté de notre inutile résistance, de la peur et du mal que nous leur avions causés malgré la faiblesse de nos moyens, capturaient ou égorgeaient avec rage le reste de notre détachement.

Nous n'allâmes pas loin sans éprouver le même sort : acculés tout à coup à une montagne aux flancs inaccessibles pour des hommes épuisés, sans force, entourés et serrés de toute part, nous fûmes réduits à faire taire tout sentiment de devoir et contraints de nous livrer à cette multitude de miquelets et de paysans. Ces gens-là, que nous méprisions comme soldats, nous inspirèrent encore plus de mépris comme chrétiens et comme hommes, quand nous devînmes les victimes de leur basse cupidité, de leur atroce barbarie.

Captivité. — Au moment où l'on nous fit

prisonniers, les plus jeunes d'entre nous se sentirent écrasés de désespoir et de honte, mais nos vieux éprouvèrent encore un vif sentiment de fierté en contemplant le tas de cadavres ennemis dont nos baïonnettes venaient de joncher la terre tout autour de nous.

Après nous avoir désarmés, on nous fouilla, on nous dépouilla de tout; et quand nous n'eûmes absolument plus rien sur nous, de sales mains nous palpaient encore partout pour tâcher de découvrir quelque chose. Du point où l'on nous avait pris, jusqu'à Lérida où l'on nous conduisait, nous fûmes pendant plusieurs jours et à chaque instant soumis à ces investigations répugnantes. Nos effets militaires, nos vêtements, nos dépouilles avaient été vendus séance tenante aux enchères. Afin de les acqué-rir moins cher et de première main, le seigneur du lieu, l'alcade et le curé s'étaient placés sur la porte de la chambre où se faisait la vente. On ne nous laissa qu'un pantalon et la chemise. Furieux de ne pouvoir autrement satisfaire leur rapacité, ces bandits nous accablaient d'injures, nous frappaient, nous crachaient au visage. Plusieurs de nos hommes, préférant la mort à tant d'ignominie, se laissèrent massacrer plutôt que de s'y soumettre.

Un heureux hasard me préserva de ces indignités, auxquelles je n'aurais probablement pas eu le courage de résister. A Fons, on nous avait jetés dans une prison où les curieux venaient passer le temps à nous injurier. Je ne sais quel motif y amena un capucin qui me reconnut. Au cours de nos incursions, en effet, j'avais sauvé son couvent du pillage en ne laissant à mes hommes d'autre permission que celle de se munir de victuailles et de s'emparer de quelque menu butin. Il fallait bien évidemment abandonner quelque chose à ces braves soldats. Mais le couvent avait été respecté. Le saint homme, reconnaissant de la protection que je lui avais accordée en cette circonstance, m'accorda la sienne à son tour et me recommanda, au nom de tous les saints de sa connaissance, à l'officier de notre escorte, et l'on sait qu'en Espagne la recommandation d'un capucin en vaut une autre. Je fus bien encore un peu fouillé de temps en temps, c'est un tic des gens de ce pays, mais je ne fus jamais frappé.

Une espèce d'avocat, nommé Baget, que l'on avait affublé du titre de colonel, ayant ouï parler du service que j'avais rendu au capucin de Tamarite, projeta, tout haut, de me rendre visite afin de me récompenser, disait-il. Il attendit, pour ce faire, d'être entouré de nombreux témoins. Alors, fièrement drapé dans sa majesté espagnole, il me tendit une petite poignée de *cuartos* (la plus menue monnaie d'argent du pays) en ajoutant, avec sa morgue castillane, la phrase partout proverbiale : « Qui fait le bien recueille le bien. » — Je rougis autant pour lui que pour moi de cette orgueilleuse et mesquine générosité, et, tout en le remerciant de tant d'honneur, je trouvai tant bien que mal le moyen de refuser décemment la récompense qu'il m'offrait. Mon refus ne parut nullement le contrarier.

De Lérida à Tarragone. — De Fons, par

Lérida, on nous conduisit à Tarragone. Mes pauvres soldats y furent jetés dans un lieu infect où ils auraient tous infailliblement péri si on les y eût laissés seulement un mois. Les officiers furent logés dans une vaste salle de la caserne d'artillerie où nous avions de l'air, mais où toutes les misères qui tourmentent la pauvre humanité nous envahirent à la fois.

Mes forces physiques et morales étaient à bout; les vexations incessantes qu'on nous prodiguait me rendaient la mort désirable; une fièvre ardente me terrassa.

A l'hôpital de Tarragone. — Mes frères d'armes furent embarqués pour les Baléares, et, un mois et demi environ après leur départ, échappant enfin au délire, je me trouvai seul de ma nation dans un hôpital de Tarragone, au milieu de vingt barbares qui se faisaient un jeu du trouble de mon cerveau, de mes paroles incohérentes, de mon excessive faiblesse.

Pendant un mois encore je stationnai entre la vie et la mort; enfin, la vigueur de mon tempérament prit le dessus et triompha, je ne saurais dire si ce fut du mal ou des remèdes. Ma convalescence dura longtemps ; elle fut bercée par les contes fantastiques de mon entourage qui s'amusait à exaspérer mon patriotisme : tantôt Bonaparte était ou devait être assassiné par les Français eux-mêmes ; tantôt il était vaincu et prisonnier avec toute son armée, et c'étaient les Espagnols qui avaient fait le coup ; le plus souvent ils avaient franchi la frontière et marchaient à grandes journées sur Paris, où on les attendait à bras ouverts.

A toutes ces absurdités, auxquelles, par prudence, je me gardais bien de contredire, je répondais par un sourire de pitié ; mais j'eusse bien désiré connaître l'exacte vérité.

Lorsque je fus à peu près en état de me tenir debout, très pressé de rejoindre mes camarades, j'écrivis au général Cupigny, gouverneur de la place. C'est lui qui, avec le général Reding, avait contribué au gain de la bataille de Baylen, en occupant la place abandonnée deux fois par nos généraux Dupont et Vedel.

Je suppliai à mains jointes le gouverneur de me faire sortir de l'hôpital, que j'avais en horreur. Cinq ou six jours après, je fus transféré dans le donjon de cette même caserne où l'on nous avait déposés en arrivant à Tarragone.

Persécutions morales. — Dans mon nouveau domicile je recevais les nombreuses visites des curieux oisifs de la ville. La plupart me tenaient des propos désagréables ; les femmes se distinguaient par l'expression de leur colère contre les Français. Plus d'une eût bien voulu m'étrangler de ses propres mains.

Un jour, quelques personnes, paraissant pourtant appartenir à un rang assez distingué, projetèrent, comme une partie de plaisir contre un malheureux captif, de venir me tourmenter l'âme. Elles entrèrent avec un air plein de tristesse, affectant pour moi un perfide intérêt sous lequel je sus très bien deviner leur joie, et m'annoncèrent que le général Duhesme, alors commandant de la Catalogne et gouverneur de Barcelone, ayant fait pendre, sans preuves de culpabilité, deux prêtres espagnols accusés d'espionnage, M. Cupigny et son conseil venaient de décider que, en représailles d'un tel crime, deux prisonniers français seraient pendus aux vergues d'un bâtiment anglais en vue de Tarragone.

Après cette charitable communication, ces personnes me laissèrent à mes réflexions. Elles ne furent pas gaies : je connaissais assez l'esprit vindicatif, la passion haineuse des Espagnols pour croire à mon prochain supplice. Dans la solitude des nuits, mes appréhensions prenaient un accroissement terrible. Certes, je ne redoutais pas la mort, j'en avais donné maintes preuves, mais l'idée d'une mort ignominieuse comme la pendaison était pour moi insupportable. Dans mes rêves de malade, je me voyais suspendu sur l'abîme des flots où de monstrueux poissons attendaient leur proie. Mon sommeil en était troublé, je m'éveillais en sursaut, cherchant un pistolet, une arme quelconque pour en finir avec la vie, pour échapper à ce supplice des malfaiteurs. Mes fenêtres étaient grillées; partout des sentinelles. Au milieu des cannibales qui m'entouraient, un seul individu osa me témoigner quelque pitié. C'était un soldat de l'artillerie légère, qui avait été fait prisonnier et amené en France pendant les guerres de la Révolution. Il avait conservé un bon souvenir du traitement plein d'humanité qu'il trouva dans notre patrie toujours si généreuse aux vaincus. Et je ne suis pas le seul à en avoir fait la remarque : tous les étrangers qui ont accompli ce même pèlerinage, nous les avons trouvés plus braves dans les combats, plus humains pour les blessés.

Le bon Pédrillo. — Le bon Pédrillo était fils d'un pauvre laboureur; il avait passé les plus belles années de sa vie au service du roi d'Espagne, dans une armée toute dépravée, et néanmoins il avait su conserver les plus honnêtes sentiments.

Tout d'abord, il fut effrayé de la terrible

nouvelle qu'on venait si méchamment de me rapporter. Comme moi, il connaissait l'âpre désir de vengeance qui animait ses compatriotes; mais, à la réflexion, il en comprit l'absurdité, me rassura de son mieux et s'en alla par la ville à la recherche de la vérité. Il découvrit enfin la source d'où était parti ce mensonge, prit la peine de le dénoncer au quartier général et vint au plus tôt dissiper mes alarmes. Ce bon Pédrillo parut jouir autant que moi du bien qu'il me causa.

Pépa. — De temps en temps il venait me voir accompagné de sa promise, jeune et sémillante fille de Tarragone, qu'il était à la veille d'épouser. C'était une égrillarde que Mlle Pépa! Son œil noir disait sa passion sans détours. Elle ne fut pas longue à trahir son goût pour ma misérable personne. Je n'étais pourtant guère engageant, tant s'en faut : Vêtu d'une vieille capote de soldat toute en loques, d'un pantalon de toile grise rapiécé de toutes les couleurs, et ne possédant qu'une seule chemise, que je lavais moi-même et sans aide de savon lorsqu'elle n'était plus supportable, j'étais plutôt dégoûtant. Mais Pépa ne s'arrêtait point à pareilles vétilles. J'en fus très alarmé pour ce pauvre Pédrillo : je lui devais mon repos, il était juste que j'assurasse le sien. Je pris donc sur moi de le prévenir des fantaisies de sa future. Ce que je lui en rapportai, joint à certaines observations qu'il avait faites lui-même dans la propre maison de Pépa, le décidèrent à renoncer à ce mariage. Il le rompit. Mais Pépa ne m'en garda jamais rancune, ainsi qu'elle m'en donna plus tard les preuves quand nous nous retrouvâmes aux Baléares.

Défaite de Blake, par Suchet. — Les croisées de ma prison donnaient sur la place d'armes de Tarragone. Il y avait à peu près un mois que j'avais vu partir, pour aller rejoindre le général Blake à la tête de vingt-cinq mille hommes, plusieurs détachements de ces fiers Castillans, marchant, disait-on, à la conquête de Saragosse, qu'on prétendait reprendre aux

Français. Le pauvre Blake, en tâtonnant, se rapprocha de l'Aragon par la vallée de la Huerba, où l'attendait une rude leçon. Le vaillant Suchet ne tarda pas à la lui donner, et si bonne que je ne vis rentrer, avec les débris des détachements de Tarragone, aucune des pièces de canon qu'ils avaient emmenées avec eux un mois avant. Leur air martial aussi avait considérablement baissé; mais ils s'en consolaient en criant à la trahison : l'avant-garde espagnole, toute composée de Valenciens, avait lâché pied, disaient-ils, dès le premier choc et entraîné le corps d'armée dans sa déroute. — Mais j'ai su depuis que l'arrière-garde de Blake, tournée pendant la nuit, la veille de la bataille, par quelques centaines d'hommes confiés au commandant Bugeaud et culbutée sur le corps d'armée ennemi, avait porté le désordre dans ses rangs, tandis que l'avant-garde attaquée directement par Suchet avait été prise ou détruite de fond en comble. Et l'on sait que ce ne fut point là la seule leçon de modestie que Suchet infligea aux présomptueux Catalans de Blake.

Arrivée à Mahon. — Enfin mes prières furent exaucées, et ce fut un beau jour pour moi que celui où je me vis sur un vaisseau, fuyant cette terre maudite pour aller rejoindre mes frères d'infortune dans les îles Baléares.

J'arrivai à Mahon dans les premiers jours de juillet 1809. Je fus heureux d'y retrouver M. de Saint-Larry et deux autres officiers de mon régiment, avec cent soixante-dix officiers de l'armée de Dupont et un bon nombre d'autres appartenant à la marine. Le reste de mes camarades du 14ᵉ était à Palma, et mes pauvres sous-officiers et soldats avaient été relégués dans l'île de Cabrera.

Nous occupions à Mahon un vaste lazaret nouvellement construit à l'entrée du port, à droite. Ce bâtiment, entouré d'un double rang de hautes murailles, formait les trois côtés d'un carré, avec grande cour intérieure.

Quand j'arrivai au milieu de mes compagnons de captivité, il n'était bruit que d'un malheureux nageur, un des plus habiles dans l'art de la natation, qui venait de disparaître en plongeant du haut d'un rocher situé à la sortie même du lazaret. La baignade était la plus grande distraction des prisonniers. On leur laissait volontiers ce genre de divertissement, certains qu'ils ne pourraient l'utiliser pour fuir. Les requins faisaient bonne garde, disait-on, et c'était probablement quelqu'un de ces monstres marins, égaré dans la Méditerranée, qui avait fait sa proie de notre infortuné compatriote. La mer ne rendit pas son cadavre, et le zèle des plongeurs en fut pour quelque jour ralenti.

Au reste, ces parages manquaient de sécurité pour les baigneurs. Pendant la traversée de Tarragone à Mahon, le navire qui transportait le premier convoi de nos prisonniers avait été violemment heurté, on ne savait par quoi. En arrivant au port, on découvrit, dans la région du gouvernail, un énorme espadon fixé par son arme profondément enfoncée dans le bois du navire.

Nous avions pour gouverneur, à Mahon, un vieux capitaine en retraite, cuistre fieffé, qui savait nous rançonner indirectement et rogner ainsi la pauvre *piécette* que nous accordait généreusement, par tête et par jour, le gouvernement espagnol. Très accueillant, toujours le sourire aux lèvres, il interpellait les marchands qui venaient nous vendre quelques victuailles, leur recommandait, fort inutilement d'ailleurs, de nous les faire bien payer, et, tout en palpant leur marchandise, fourrait toujours quelque chose dans ses vastes poches. L'adjudant de ce filou était Brabançon, sous-officier dans les gardes wallonnes, ni bon ni mauvais, peut-être même enclin à l'indulgence, mais gouverné par sa femme, Espagnole endiablée, qui l'obligeait à vexer ceux d'entre nous que ne tentaient pas les grâces très passées de cette affreuse virago.

Nous n'avions pourtant pas le droit d'être difficiles, ni l'occasion de choisir. Toute la partie féminine, composée de servantes et de maritornes, n'offrait à cette agglomération de captifs rien d'attrayant, sous sa peau cuivrée, sous ses vêtements plus ou moins sordides. Mais la jeunesse de quelques-unes engageait à passer outre, en suivant le conseil de *La Fée Urgèle* :

> Cela n'est rien pour des héros bien nés :
> Fermez les yeux et bouchez-vous le nez.

Une cantinière cependant faisait quelque peu exception à cet assemblage. *Marguerite*, aux grands yeux noirs, passait pour la Vénus du lazaret. Ses adorateurs parfois se rencontraient en foule si nombreuse autour de cette divinité que, pour déblayer son temple, la déesse s'armait de la pelle et du balai.

Je fis un jour la connaissance d'un sous-officier de gendarmerie, prisonnier comme nous, je ne sais par quel hasard, qui me parla d'une fort aimable personne, fille de service auprès d'une de nos fournisseuses chez qui lui-même trouvait bon gîte et le reste. Tout en me méfiant beaucoup de pareille trouvaille, je me laissai entraîner par mon gendarme. Quelles ne furent pas ma surprise et ma joie de rencontrer au bout de cette aventure la charmante promise du bon Pédrillo, de Tarragone, la vive et toujours sémillante Pépa, très heureuse aussi de me retrouver, et qui eut le bon esprit de ne pas me tenir la moindre rigueur de la rupture de son mariage, dont j'avais été cause.

Bals et spectacles. — Marguerite et Pépa faisaient le plus bel ornement de nos bals et de nos représentations théâtrales, car nous avions fini par organiser, à côté des cours d'histoire, de géographie, de mathématiques et même d'astronomie que nous faisaient les savants de notre société, une troupe d'artistes plus ou moins capables de jouer vaudevilles et comédies. Mais nous étions privés de textes, et alors les uns tâchaient de retrouver dans leur mémoire et de reconstituer de petites pièces connues, d'autres se hasardaient à donner de leur propre cru.

Nous osâmes même aborder l'opéra, sous la direction d'un chef de musique, M. Barizel, de la Garde de Paris, prisonnier de Baylen, l'un des bons bassons de France où il avait remporté le prix de cet instrument au Conservatoire. Privés de partitions, nous chantions de mémoire... devant un auditoire indulgent.

C'est à Mahon que, pour la première fois, j'ai vu danser le *fandango,* danse presque toute d'inspiration, d'une pantomime lascive, délirante, dont l'entraînement est irrésistible.

La flotte anglaise elle-même, deux ou trois fois, nous donna le merveilleux spectacle de son entrée au port. Rien de majestueux, de grandiose à la vue, rien de poétique comme ces immenses bâtiments couverts de voiles, obéissant comme sans effort à la toute-puissance de l'homme.

Nous eûmes quelquefois la visite des officiers. C'est par eux que nous apprîmes les détails de la dernière guerre contre l'Autriche, de *cette débonnaire et pacifique Autriche* qui a toujours pris l'initiative contre nous, moyennant subsides et lingots anglais.

Si le récit des succès de la France nous rendit heureux un moment, la nouvelle que

ces messieurs nous annoncèrent aussi du di-
vorce et du nouveau mariage de l'Empereur
fut un vrai chagrin pour nous. « Pauvre Joséphine ! répétait-on dans tous les coins du lazaret, fatale Autriche ! » Fatale, en effet, fut cette
alliance, mortelle pour Napoléon, déshonorante
pour François II. Cette union maudite fut le
premier chaînon de nos revers. Sans elle, Napoléon eût-il entrepris la guerre de Russie, ou
n'eût-il pas terminé préalablement celle d'Espagne ! Nous regrettions les douces, les précieuses qualités de Joséphine ; nous adorions
sa fille, la reine Hortense. Ces deux femmes
étaient, pour de rudes et vieux guerriers, les
plus gracieuses saintes du calendrier. Combien
d'âmes généreuses viennent encore attester
leur foi en priant sur leurs tombes, dans l'église
de Ruel, où reposent ces débris d'une grande
époque !

Faible espoir d'évasion. — Malgré les distractions qu'on s'ingéniait à créer pour tromper
l'ennui de Mahon, notre désir d'en sortir allait

grandissant chaque jour, mais les évasions ne paraissaient guère possibles. Cependant, je manquai une belle occasion de briser mes chaînes. Le gendarme à qui je devais la rencontre de Pépa vint un soir me faire la confidence qu'il était à la veille de tromper la surveillance de ses geôliers, sous les auspices de sa belle.

Celle-ci lui proposait de nous enlever tous les deux dans ses bagages, si je consentais à être de la partie. Elle nous placerait secrètement dans la maison de la duchesse douairière d'Orléans, mère de Louis-Philippe, qui habitait Mahon en ce temps-là. Cette vertueuse princesse, respectée, ou plutôt oubliée par les hommes de la Terreur jusqu'après nos orages politiques, fut jetée hors de France en 1797 et se réfugia à Mahon, où Napoléon, à la prière de la bonne et belle reine Hortense, lui servait une pension.

La tentation était grande; d'autant plus qu'un des bons amis de mon oncle, M. des Roches, que j'avais beaucoup connu, avait été un des gentilshommes précepteurs de la famille de Penthièvre et des d'Orléans, sous Madame de Genlis. — Mais, d'un autre côté, par quelle porte allais-je pénétrer dans cette grande maison où je pouvais trouver un asile sûr? Serait-ce par l'antichambre, la cuisine ou l'écurie? — Valet, enfin! — Que sais-je? — Tout cela n'était pas fort engageant : de Français et de militaire, deux titres dont j'étais fier, que ferait-on de moi? — Un chouan peut-être, un ennemi de ma patrie, réduit à renier mon héros, mon Empereur? — Non! je portais trop haut ma jeune tête française pour la plier sous la domesticité. Je préférais l'exil, même dans les circonstances atroces, même dans le misérable sort qui semblait nous attendre tous... Je laissai partir mon gendarme.

L'amiral Collingwood. — Nous étions à Mahon lorsque le fort de Girone tomba au pouvoir des Français. Le gouverneur de l'île Minorque nous fit annoncer, qu'étant compris dans le cartel qu'on venait de conclure pour l'échange des prisonniers, nous devions nous

attendre à partir prochainement. Cette nouvelle ne fut, hélas! qu'un éblouissement de
liberté. Quelle joie délirante dans le lazaret,
mais combien fugitive aussi! Le gouvernement
anglais ne tarda pas à mettre bon ordre à nos
aspirations.

L'amiral Collingwood fut le premier qui
rabattit nos espérances. Nous étions encore
dans toute l'effervescence de la joie lorsqu'il
parut au lazaret, je ne sais sous quel prétexte.
Notre adjudant lui demanda s'il voulait voir
les prisonniers. « Non, répondit l'amiral, je
répugne à visiter des malheureux à qui je ne
puis annoncer de bonnes nouvelles. » — Ce
mot en disait long sur notre avenir; notre sort
était fixé!

A dater de ce jour, jusqu'à notre départ,
une morne tristesse régna dans nos prisons.
Le procédé employé par notre ennemi pour
nous prévenir et couper les ailes à nos illusions
nous parut cependant délicat et compatissant,
surtout en le comparant à la cruauté de nos
geôliers espagnols qui se faisaient un malin

plaisir de ne nous rapporter que des choses pénibles, des bruits désolants et perfides, toujours menteurs. Je me plais à reconnaître aussi que l'amiral était loin d'imiter son gouvernement qui, dans sa rage aveugle, attribuait au seul hasard et à ses caprices les victoires que Napoléon devait à son vaste génie. Le compagnon, l'ami, l'émule du grand Nelson savait juger notre grand homme avec indépendance.

En traversant le jardin, il avait aperçu un sous-officier de marine de la Garde Impériale, cultivant des légumes. Étonné, il demande comment un marin se trouvait parmi les prisonniers de l'armée de terre. Le sous-officier, très intelligent, répond qu'il combattait avec ceux de Baylen et se met longuement à expliquer comment l'Empereur savait utiliser sa marine et l'employer sur terre quand il ne pouvait l'utiliser sur mer. Alors se tournant vers le vice-amiral Martin, Collingwood lui dit : « Vous le voyez, monsieur, rien n'échappe à ce grand homme. »

Mais tous ses compatriotes ne jugeaient pas

avec le même esprit de justice. Ils disaient, en méchants jeux de mot : *Lannes* est une bourrique, Masséna un enfant *gâté* de la fortune. Quelques Français, réfugiés à Londres et qui n'avaient de français que le nom, renchérissaient sur ces stupidités et mettaient leur esprit à la solde du gouvernement anglais. On nous rapportait ici quelques-uns de leurs traits :

> Caligula, cet empereur de Rome,
> A fait un consul d'un cheval.
> Mais Bonaparte, ce grand homme,
> A fait de Lannes un maréchal.

Ils vilipendaient Napoléon et son entourage : Ney était un chien enragé, Saoult un voleur, Brune un terroriste. Mais ils réservaient toutes leurs bonnes grâces pour Talleyrand et Fouché. Cependant, ils les connaissaient bien ces deux traîtres ! Je me souviens qu'une dame écossaise, au temps de mon exil dans son pays, me disait : « Si jamais la nature a imprimé la tache de Caïn sur le visage d'un mortel, c'est bien sur celui de votre ministre de la police. »

Massacre de quelques prisonniers.—Le 12 mars 1810, il y eut grande rumeur à Palma, dans l'île Majorque. Une religieuse, assise sous les fenêtres de la prison des Français, fut atteinte d'un coup de pierre. Naturellement, nos prisonniers se virent accusés de ce sacrilège. Or, les croisées de leur prison étaient grillées de telle façon qu'il eût été impossible d'y faire passer une noisette. Un des plus beaux officiers de l'armée française, M. de Beauchamp, lieutenant de cuirassiers, paya de sa vie la faute d'un autre. Il fut massacré, mais non sans résistance de sa part : il étouffa entre ses bras de fer tous ceux de ses assaillants qu'il put saisir. Une cinquantaine de nos camarades furent blessés et ne trouvèrent leur salut qu'en se réfugiant sur les barques destinées à notre transport à Cabrera.

Très peu de jours après, dans l'autre île, à Mahon, il se produisit une tentative de soulèvement, de révolution parmi la population indigène. On entendit, plusieurs nuits de suite, rugir le lion populaire, et nous n'étions pas tranquilles. L'exemple de Palma nous inquiétait. Mais l'amiral Collingwood était là avec son escadre qui nous eût protégés. Au reste, nous avons toujours ignoré si ce mouvement était simple sédition contre l'autorité de l'île, ou révolution contre le gouvernement espagnol.

Je serai très probablement sous terre lorsqu'on me lira, si jamais on me lit, mais je suis convaincu que, même alors, la révolution en Espagne ne sera pas près d'aboutir. J'estime qu'il faut au moins un siècle de calme à ce pays pour s'éclairer sur ses véritables intérêts, et je pense qu'il lui faudra plus de temps encore pour se débarrasser de sa lèpre monacale et de sa sordide barbarie. Jusqu'alors, les réactions en Espagne se succéderont comme se succèdent infailliblement les jours, les saisons, les années.

Avant de quitter Mahon, j'éprouvai le besoin d'adresser une dernière pensée, un adieu à la tombe du jeune Linois, fils du contre-amiral de ce nom. Ce jeune homme avait été tué en duel par un de ses camarades, officier de marine comme lui, pour une de ces disputes futiles, aussi légères que la feuille qu'emporte le vent. C'était une figure chevaleresque et noble, un caractère plein de loyauté, d'une incontestable bravoure, ayant déjà fait ses preuves dans plusieurs combats de mer sous les yeux mêmes de son père. Ses talents, son intrépidité promettaient un excellent défenseur à la France, un vaillant soldat au corps des marins de la Garde Impériale dont il faisait partie. Pourquoi faut-il que cet affreux et absurde préjugé du duel, indéracinable en France, égare tant de si braves cœurs jusqu'à les pousser à sacrifier le plus souvent un ami !

Cabrera. — Le 12 avril 1810 nous partîmes de Mahon sur un bâtiment du pays qui naviguait sous pavillon algérien, escorté d'un brick anglais, et, le 14, nous mouillâmes à Cabrera. J'ai su depuis que quelques-uns de nos officiers s'étaient adressés à un Bordelais, établi depuis longtemps à Mahon, pour faire parvenir au consul français d'Alger un plan d'invasion de l'île Majorque. Il s'agissait de fournir quelques bâtiments légers, des armes, des vivres et un peu de vin aux trois ou quatre mille hommes détenus à Cabrera. Quoique affaiblis par les privations, ces braves gens seraient à coup sûr disposés à tout entreprendre pour la vengeance et la liberté. Leur désespoir eût fait le reste. M. Dubois-Tainville était alors consul en Afrique. Mais la vigilance de la flotte anglaise dans les parages de Mahon n'eût pas manqué de faire échec à ce complot.

Regard en arrière sur Baylen. — La plupart de mes infortunés compagnons étaient des victimes de la honteuse capitulation de Baylen. Ils provenaient de l'armée du général Dupont.

Avant d'entrer dans l'île de Cabrera, il faut que je place ici ce que j'ai sur le cœur au sujet de cette armée de Dupont et de la conduite de ce général, — ne serait-ce qu'à titre de renseignement historique; et, bien que je reconnaisse en toute humilité qu'il ne m'est point donné d'aller à Corinthe, je dois dire hautement ce que je crois être la vérité sur un fait si important, que l'histoire n'a point encore définitivement jugé, dont je tiens les détails des malheureux officiers qui furent témoins de ce désastreux événement.

Tout le monde connaît les conséquences de la capitulation du général Dupont : envoyé par l'Empereur pour soumettre le sud de la Péninsule, il avait pris Cordoue et rétrogradait vers le nord, quand il se heurta, dans un défilé de montagne, aux troupes du général espagnol Reding.

Enveloppé de toutes parts, éloigné, croyait-il de la division Vedel et de celle de Gobert, Dupont jugea toute résistance impossible et signa une capitulation où ses troupes, conservant l'honneur sauf, mettaient bas les armes, et les Espagnols s'engageaient à les leur rendre en les ramenant en France, *avec tous les égards dus à des braves succombant sous le nombre.* Tels étaient les termes du traité ; mais on sait que les Espagnols le considérèrent comme lettre morte et le violèrent en toutes ses parties. Ce premier grave échec aux armes françaises eut un immense retentissement par toute l'Europe.

Le combat commencé au col de Baylen, dans la Sierra Morena, le 19 juillet 1808, avant le jour, ne dura que huit heures. Il n'y eut guère que trois mille hommes de l'armée de Dupont aux prises avec l'ennemi, et encore ce petit nombre ne fut-il jamais en ligne en même temps. Si on eût écouté l'intrépide commandant Baste, de la marine de la Garde, si on l'eût laissé faire ou si l'on avait soutenu ses vives attaques et ses efforts multipliés, le succès de la bataille eût favorablement tourné de notre côté. En vain allègue-t-on, pour justifier cette honteuse capitulation, qu'on s'attendait d'un moment à l'autre à une attaque des généraux Lapegna et Castagnos. Mais alors, raison de plus pour ne pas perdre de temps et ne pas attendre ce corps d'armée ennemi : il fallait se hâter, passer sur le ventre des Espagnols du corps de Reding et aller rejoindre Vedel qu'on eût bientôt rencontré. Mais il eût fallu abandonner bagages et blessés, — et grand nombre de chefs ne voulaient rien abandonner, surtout de leurs bagages!

Avant les premiers pourparlers, Vedel, s'il l'avait bien voulu, pouvait attaquer, sur les derrières, le corps de Reding. Pourquoi ne le fit-il pas? — On prétend que, voyant qu'on ne marchait pas à l'ennemi du côté où ils entendaient le canon, ses hommes s'amusaient à tuer des chèvres pour faire la soupe! Et puisque Vedel ne venait point à lui, pourquoi Dupont, avec toutes ses forces réunies, n'allait-il pas à Vedel? — Ce n'était pas chose si difficile à des hommes habitués à combattre un contre deux et même contre trois. — Tout cela sent la trahison.

Dupont a pour excuses les quarante degrés de chaleur qu'il faisait ce jour-là, la désertion subite de deux régiments suisses, l'état déplorable de son armée, la maladie qui l'accablait lui-même. — Son acharnement à s'exposer au feu de l'ennemi pour se faire tuer semble pourtant le mettre à l'abri du soupçon. Mais les vaincus ont toujours tort.

D'un autre côté, le vif empressement que mit la Restauration à le combler de faveurs, l'a rendu suspect : Talleyrand l'accueillait à son whist; le czar l'imposa comme ministre de la guerre.

Dupont, comme on le verra ci-après, fut mon juge suprême à Orléans. Il avait alors le droit et le pouvoir de me faire fusiller comme agent de l'Empereur pendant les *Cent jours*. Je vis très bien alors qu'il répugnait à condamner un soldat. Sa douce physionomie et le regard compatissant qu'il m'adressa me le firent suffisamment comprendre.

Quoi qu'il en soit, l'ordre de cesser le feu sonna sur les onze heures. On parlementa trois jours ! Les divisions Vedel et Gobert ne se retrouvèrent que pour subir le sort humiliant de leur chef. Le vertueux Gobert, heureusement pour sa gloire, avait été tué quelques jours avant. Et l'on ne se gênait pas pour dire à haute voix que, s'il eût été là, il n'eût point souffert les lenteurs de Vedel, son inaction, ses hésitations inexplicables.

Les armes espagnoles n'ont contribué en rien à la capitulation de Baylen. La situation des Français se trouvait déplorable, et cependant l'ennemi était dans la plus vive appréhension ; ses généraux, émerveillés d'un succès si facile, qui leur arrivait sans avoir pour ainsi dire combattu, craignant à chaque instant de le voir compromis par l'apparition soudaine de Vedel et du corps de Gobert, acceptèrent précipitamment, presque sans examen, mais avec l'arrière-pensée de ne les point exécuter une fois les Français désarmés, les plus larges, les plus honorables conditions auxquelles Dupont consentait à se soumettre.

Ce contrat fait honte aux deux nations. Mais la façon dont il fut lacéré par les Espagnols, à l'instigation de l'Angleterre, sera pour eux une tache ineffaçable.

Dupont, avant son départ pour la France écrivit à la junta de Séville, la sommant de faire exécuter les termes de la capitulation. Il reçut du gouvernement andalou une réponse sans détour et pleine d'orgueil, qui ne laissait aucun doute sur ses intentions : la foi du traité était violée. Ce fut à Puerto-Maria, petite ville de la baie de Cadix, que Dupont reçut cette réponse anglo-espagnole. Il faillit être égorgé par la multitude. Heureusement, ses fourgons, ses équipages arrivèrent à propos pour faire diversion. Les Espagnols se ruèrent dessus pour les piller, et, pendant le sac, le général put s'embarquer avec son état-major.

Que contenaient donc ces fameux four-gons?... On a dit sur ce point bien des mensonges, et aussi quelques vérités sans doute. Je me tais. Ce qu'on ne peut prouver doit rester lettre close. Mais on assure que les Espagnols récriminèrent pièces en mains.

Morlat, qui dans sa lettre à Dupont avait sanctionné une trahison révoltante, racheta sa faiblesse par l'énergie de son attitude envers la populace qui demandait le massacre général des Français. — C'est qu'il commençait à concevoir des craintes : « Il faut savoir pardonner à ses ennemis, disait-il, si l'on veut éviter les représailles. » — On parlait en effet de l'arrivée prochaine de Napoléon en personne. Mais on se rassura bientôt, et les prisonniers ne tardèrent pas à s'en apercevoir.

Un jour de fête à Utrera, ville de 12 à 15,000 âmes, l'église étant trop pleine, un Andalou proposa à haute voix de faire à l'Immaculée Conception un holocauste de tous ces impies de Français qui usurpaient les places des bons catholiques espagnols.

Un prieur de Lebrija racontait en riant et se frottant les mains le massacre de quatre-vingts Français de Dupont, qui avaient conspiré contre la sûreté de la ville! Sans s'informer de la vérité d'une chose si invraisemblable : une poignée d'hommes complotant contre une ville de 13,000 habitants, ceux de Lebrija immolèrent de sang-froid ces malheureux prisonniers.

M. de Lotz, capitaine au 2ᵉ dragons, avec qui j'ai vécu longtemps dans l'intimité, m'a raconté bien souvent cette tuerie.

Le général Privé, avec le 1ᵉʳ provisoire de dragons, était cantonné à Lebrija. Les officiers occupaient l'église d'un vieux couvent abandonné, à peu de distance de la ville ; les soldats logeaient dans divers bâtiments, et le général Privé et son aide de camp dans une auberge.

Depuis le commencement de novembre 1808, les prisonniers étaient avertis par toute espèce de vexations, par des injures, des menaces, des provocations, que quelque chose se tramait contre eux. Ils se tenaient sur leur garde, résolus à faire payer chèrement leur vie.

Les lâches balancèrent longtemps à mettre à exécution leur infernal projet : la vue de quelques sabres, encore aux mains des officiers français, les tenaient en respect, bien qu'ils fussent cent contre un. Enfin, le 7 décembre, l'orage éclata tout de bon, et l'on vit au moins quatre mille hommes faire preuve d'assez d'intrépidité pour combiner une attaque contre quatorze officiers et les soixante soldats qui leur servaient d'aides et de domestiques.

Un de nos docteurs, revenant de visiter quelques malades en ville, donna l'alarme. Les infortunés, qui n'espéraient point de quartier, s'armèrent comme ils purent et se préparèrent à la mort.

Le croirait-on! Les Andalous furent repoussés par cette poignée de braves. Mais bientôt, hélas! les armes à feu aidant, les victimes se virent contraintes de battre en retraite.

Tout en portant des coups terribles, puisque l'on compta 180 morts espagnols, la petite troupe, poussée par le désespoir, put gagner, toujours en combattant, un bois d'oliviers. Mais là l'espace ne manquait pas aux assassins pour cerner leur proie : ils égorgèrent tout, un à un.

M. de Lotz, seul, pendant la bagarre, eut la présence d'esprit de grimper sur un de ces arbres, énormes dans le Midi de l'Espagne et qu'il avait déjà remarqué par hasard. Caché dans l'épais feuillage, il disparut aux yeux de ses bourreaux acharnés après d'autres victimes.

Qu'on juge de la position de cet officier, à

chaque instant près d'être découvert, témoin de la férocité de ces tigres égorgeant et mutilant avec délices ses infortunés camarades, s'acharnant sur leurs cadavres. Et tout cela, sous le masque de la religion, — comme si ces misérables avaient reçu la mission divine d'exterminer des maudits.

Lorsque la rage andalouse fut assouvie sur les cadavres des officiers, elle se dirigea vers le quartier des soldats. Heureusement, quelques membres du clergé séculier eurent la bonne pensée de sauver ces nouvelles victimes en leur donnant la prison pour abri. Pour contenir la populace, ils durent exhiber saint ciboire et saint-sacrement.

Nous avons laissé M. de Lotz sur un olivier. Après avoir subi pendant plus d'une heure l'effroyable spectacle de la férocité la plus raffinée, osant à peine respirer, entendant dans le lointain les hurlements des chacals andalous qui couraient après de nouvelles proies, il crut pouvoir profiter de leur disparition pour chercher un asile moins précaire.

Il descend donc avec précaution de son arbre protecteur, salue d'un dernier adieu ses amis pantelants et s'éloigne dans la campagne. Il avance du côté opposé à Lebrija, n'ayant pour arme que son épée, mais animé, soutenu par l'indignation, la fureur, la vengeance, ne tenant à la vie que pour mieux jouir de son reste. Deux paysans, armés, l'un d'une fourche, l'autre d'un grand et long couteau, l'aperçoivent et fondent sur lui. Le combat ne fut pas long : les deux brigands furent sacrifiés aux mânes des Français. M. de Lotz, dans cette rencontre inégale, ne reçut que deux légères blessures qui ne l'empêchèrent pas de continuer sa route.

Mais où allait-il?... Il allait, battant la campagne, au hasard, lorsque deux cavaliers, envoyés à la recherche des Français qui auraient pu avoir échappé au massacre le recueillirent et l'amenèrent à Lebrija. Ils eurent toutes les peines du monde à protéger leur prisonnier sans cesse menacé par ces assassins, lorsque l'heureuse diversion des prêtres

dont nous avons déjà parlé le sauva. C'était le
général Privé qu'ils escortaient en l'entourant
de crucifix. M. de Lotz put ainsi gagner lui
aussi la prison.

A Manzanarès, petite ville de la Nouvelle-
Castille, les Espagnols, et l'on peut ajouter
aussi les *Espagnoles*, égorgèrent quatre cents
malades.

Les blessés qu'on évacua sur les bords du
Guadalquivir furent assassinés.

A la Carolina, dans l'Andalousie, on sciait
entre deux planches les prisonniers qui se
trouvaient dans la ville, et les femmes portaient sur elles, comme parure, des lambeaux
de cadavres français; ailleurs on les enterrait
vivants; on en a vu plongés dans l'huile bouillante. La superstition est un aveuglement de
l'âme.

Toutes ces horreurs m'ont été attestées par
des témoins irrécusables et nombreux.

A la fin de novembre, les prisonniers de
Baylen furent dirigés sur Cadix et jetés dans

des pontons infects mais pourtant moins hideux que les pontons anglais. Ils y souffrirent de cruelles privations, sans parler d'une épidémie qui en emporta la moitié. Une partie du reste de ces infortunés fut envoyée dans les îles Baléares; les autres périrent de misère; quelques-uns seulement, jouant le tout pour le tout, furent assez heureux pour rejoindre l'armée française à la barbe même des Espagnols.

Supplice de la faim à Cabrera. — Il faut enfin que j'aborde Cabrera, et que je donne une idée, si la chose est possible, de l'atroce séjour de dix ans qu'y firent nos malheureux soldats.

Cabrera est un roc pelé, un îlot désert, inculte, qui s'élève comme un spectre à l'extrémité sud de l'archipel des Baléares, à deux lieues de distance de Palma. Le peu de terre végétale qu'on y trouve gît dans une ou deux étroites vallées hérissées d'arbustes épineux et de quelques arbres de médiocre venue. L'île peut avoir de trois à quatre lieues de circonférence. L'entrée du port est difficile : formée par deux rocs, élevés en surplomb, qui se rapprochent par leur cime au-dessus du courant, elle est dangereuse, mais le mouillage en est sûr et abrité de tous côtés.

En posant le pied sur ce rocher aujourd'hui célèbre par les souffrances qu'y endurèrent nos compatriotes prisonniers des Espagnols, nous fûmes saisis d'horreur. Leur sort, que nous venions partager, l'état de ces malheureux, de ces spectres, de ces cadavres ambulants, arrachant pour s'en nourrir quelques racines dépourvues de substance nutritive, parfois même vénéneuses, se disputant quelques gouttes d'eau bourbeuse, nus, brûlés par un soleil torride, assiégés de maladies contagieuses, étonnantes, inconnues, qui déroutaient nos docteurs et rendaient leurs secours inutiles, nous plongèrent dans la plus douloureuse compassion.

Ils étaient alors, et nous fûmes comme eux alimentés par une barque espagnole au service du gouvernement, qui nous apportait pour quatre jours de vivres, en faisant le va-et-vient entre Cabrera et la Péninsule. Les rations qu'on nous donnait étaient réduites à beaucoup moins que le strict nécessaire pour les officiers, — qu'on juge des souffrances qu'enduraient nos pauvres soldats, dans cet îlot où l'air de mer doublait l'appétit. La plupart des prisonniers mangeaient leurs faibles provisions en vingt-quatre heures ; ils s'ingéniaient ensuite comme ils pouvaient pour vivre le reste du temps.

Dans l'un de ses voyages, l'arrivée de la barque fut retardée de sept jours, on n'a jamais bien su pourquoi. C'était une condamnation à mort. Nos pauvres soldats passèrent donc neuf jours sans nourriture. Aussi, à chaque instant, jetait-on à l'eau leurs cadavres par centaines.

Parmi les innombrables victimes de la cruelle négligence de nos impitoyables pourvoyeurs, si toutefois il n'y eut que négligence, il faut compter le célèbre Martin. Martin, que le maître, que les amis de cet être utile, intéressant et bon égorgèrent pour assouvir leur faim de cannibales ! Martin, le seul être de la colonie qui fût aimé de tous, gros, frais, qui ne redoutait point les voleurs et dont les voleurs respectaient la propriété, que chacun fêtait de son mieux, dont la voix retentissante donnait toujours une note joyeuse ; Martin, qui semblait être le roi de l'île et qui n'était pourtant que l'âne de Cabrera fut immolé à la cruelle famine.

Les Français, à leur arrivée, l'avaient trouvé seul, abandonné, errant, et, tout de suite, l'avaient pris en amitié ; son existence fut consacrée au service de tout le monde ; il transportait de l'eau, des pierres, des troncs d'arbre pour la construction des baraquements. Il fut utile même après sa mort : ses membres, dépecés en une infinité de morceaux, fournirent à chaque homme *une once* de nourriture ! Et comme si la colère des immortels eût été apaisée par le sacrifice de ce sang innocent répandu sur leurs autels, Martin ne fut pas plus tôt occis, comme l'intéressante Iphigénie, que les vents soufflèrent et amenèrent la barque dans le port.

Une espèce de lézard de couleur noire jouait un grand rôle dans l'alimentation de nos pauvres affamés. *On voyait tous les jours une extraordinaire quantité de ces dégoûtants petits reptiles enfilés par paquets autour des baraques, et destinés, une fois séchés au soleil, à la préparation de la soupe.* L'aspect et *l'odeur de cette ignoble provision* soulevaient le cœur.

La famine n'était pas notre seul fléau : la soif aussi parfois nous faisait sentir toutes ses rigueurs. On ne connaissait encore qu'une pauvre source d'eau douce, qui tarissait à peu près au temps des chaleurs, et l'on voyait alors deux ou trois mille individus faisant queue pendant toute la journée pour obtenir une quantité d'eau souvent insuffisante à leur soif.

Tant de calamités avaient transformé nos soldats, d'ordinaire si humains, en vraies bêtes fauves. Ils vivaient isolés, méditant sans cesse quelque coup de rapine ; toute communauté de sentiments fraternels leur devenait étrangère.

Avant que les officiers de Majorque et de Minorque fussent venus les rejoindre à Cabrera, une *compagnie de voleurs s'était formée* sous le nom de *Bande de la lune*. Tout leur était bon à prendre, jusqu'aux infectes provisions de lézards noirs qu'on avait par hasard négligé de mettre à l'abri. On assure qu'ils détroussaient tout homme rencontré seul, et même qu'ils assassinaient quelquefois pour manger leur victime… Ceci paraît invraisemblable, et cependant, très peu de temps après notre départ, on découvrit un lambeau de chair humaine cuisant dans une marmite, et les restes de l'individu furent trouvés salés et cachés dans la terre.

Mais j'ai hâte de passer toutes ces horreurs, dont certains détails, d'une répugnance indicible, vont jusqu'à soulever le plus révoltant dégoût.

L'arrivée des officiers dans l'île produisit une salutaire impression ; elle mit fin aux exécutions sommaires et abusives des voleurs pris sur le fait ; elle rassura cette malheureuse population ; elle introduisit parmi ces désœuvrés quelques petites industries et aussi quelques distractions.

Il y avait, située vis-à-vis l'entrée du port, presque au centre des baraquements, une place assez vaste, qu'on baptisa du nom fastueux de *Palais-Royal*, où s'établirent le cantinier, le savetier, le barbier, le tailleur. Chacun y trouvait le prix de son labeur. L'esprit de commerce s'y développa. Les *gourganes* ou grosses fèves servaient de monnaie courante. Elle baissait ou haussait de valeur suivant que la barque aux vivres arrivait plus ou moins en retard. Aussi, son apparition, anxieusement surveillée du haut d'un rocher qu'on avait appelé *la Bourse*, était-elle saluée par des rugissements de lions flairant leur proie.

A ce déchirant spectacle on se demandait si réellement l'existence valait la peine d'être vécue. Qu'espérer dans cette île maudite?

Bienfaisance du général Exelmans. — Le bon, l'intrépide général Exelmans, amené par Murat en Espagne (1808), avait été pris par les

Anglais et interné à Palma. On sait qu'il s'évada plus tard, en 1811. Ce brillant chevalier de l'Empire, sans peur et sans reproches, fut le seul, parmi ceux dont le devoir était de s'occuper de notre sort, parmi ceux surtout rentrés en France après Baylen, qui prit pitié de l'affreuse situation de tant d'infortunés. Il ne fut sourd à aucune de nos prières ; sa générosité, bien qu'on en ait abusé, fut inépuisable. Ses dons furent considérables et surtout efficaces. Aussi sa sollicitude envers nous lui valut-elle les récompenses de l'Empereur et les bénédictions des martyrs de Cabrera. Je crois lui devoir la vie. Je n'aurai certainement jamais l'occasion de lui rendre le bien qu'il m'a fait, mais une reconnaissance éternelle de ma part est acquise à cet homme de bien.

M. Palmer, capitaine du brick *Alacrity*, fut un ennemi généreux. Ce brave marin, touché de notre profonde misère, de la complète nudité de nos soldats, nous donna le plus qu'il put, et revint au mois de juin apportant des vêtements que les marins de l'escadre de Collingwood joignirent à ceux que son brick nous destinait. Environ mille ou quinze cents pièces, chemises, pantalons, gilets, etc... furent distribuées à nos pauvres soldats.

Cruel gouverneur. — Nous avions pour gouverneur un officier de la marine espagnole. Les marins étant en général de bons enfants, dès l'abord nous augurâmes bien du nôtre. Mais hélas! il fallut bientôt en rabattre. Celui-ci nous vexait de toutes les façons et nous faisait sentir à chaque instant tout son mépris. Important et dévot, il n'avait aucune valeur morale. L'athéisme et la superstition se donnaient la main dans son esprit et dans son cœur.

Nous espérâmes adoucir sa dureté en flattant son penchant à la dévotion : nous lui demandâmes un aumônier. Il appuya notre supplique auprès de la junta de Palma, mais en riant sous cape.

Indigne aumônier. — La junta se fit longtemps prier et nous punit cruellement en cédant à nos vœux. L'indigne prêtre, que nous accueillîmes avec joie comme un homme de Dieu, se trouva la vivante image des moines de son pays. El segnor d'Amian Estebrich, d'exécrable mémoire, était d'une cruauté raffinée.

Voici comment il fit son entrée parmi nous : « Bonjour, messieurs les Français, nous dit-il en débarquant. Comment vous trouvez-vous dans ce riant séjour que les bons Espagnols vous ont choisi tout exprès pour aiguiser votre appétit? » — Puis, après une pause pour bien jouir de l'effet que produirait son méchant sarcasme, il ajouta gravement en nous montrant sa canne : « Vous voyez ce jonc? Eh bien ! il fleurira trois fois avant qu'on vous accorde l'autorisation de revoir votre patrie. » A ces cruelles paroles nous éprouvâmes tous un tel transport de colère et d'indignation, que le misérable, effrayé de son explosion, battit en retraite.

Entre mille scélératesses à son actif, on citait

celle de ne consentir à donner l'absolution et les secours spirituels aux mourants qu'après leur avoir arraché des blasphèmes contre leur patrie, des malédictions contre l'Empereur. Et c'était là une de ses pratiques les plus ordinaires. Au reste, la plupart des hôpitaux en Espagne n'en faisaient pas d'autres.

Un jour qu'il surveillait la plantation de quelques pieds de cotonnier, il insinua, avec sa fausse bonhomie et comme pour encourager ses hommes au travail, que cette plantation, toute dans leur intérêt, leur fournirait plus tard de quoi se confectionner des vêtements.

Il entretenait des espions au milieu de nous. Pour un morceau de pain, nos pauvres soldats, complètement démoralisés par la faim, eussent renié père et mère. Il se tenait par ce moyen au courant de nos moindres actions, de nos moindres projets. Celui de recouvrer la liberté hantait la plupart d'entre nous. Dans le courant de 1809, une vingtaine d'hommes s'étant emparés d'une barque au moment où elle venait faire provision d'eau douce, avaient été assez heureux pour gagner Barcelone, alors au pouvoir des Français. Pareil exemple était bien tentant. Quelques-uns de nos officiers de terre et de mer choisirent donc dans l'île un lieu tout à fait désert pour y construire une barque qui pourrait contenir de trente à quarante personnes; ils étaient près d'aboutir quand ils furent dénoncés à l'aumônier. On mit plus de vingt jours à découvrir leur petit chantier de construction, tant il était bien caché. Cette découverte amena un redoublement de surveillance et de sévérités. Le gouverneur fulmina contre nous et fit enlever tous les outils en notre possession, ceux même que les Anglais nous avaient donnés pour enterrer nos morts.

Distractions. — Un jour, dans un des rares coins de l'île où la terre végétale avait quelque épaisseur, nous crûmes apercevoir quelques parcelles de verre et de métal. Aussitôt, par désœuvrement autant que par curiosité, nous fîmes entreprendre quelques fouilles; mais l'on nous signifia immédiatement l'ordre de cesser notre ouvrage. Nous avions eu cependant le temps de mettre à découvert plusieurs tombes romaines avec médailles, dont quelques-unes à l'effigie de Julia Augusta (fille de Titus et petite-fille de Vespasien (fin du premier siècle) ; d'autres qu'on supposa d'origine punique. Comme nous n'avions point d'érudits parmi nous, nous fîmes hommage de nos trouvailles au capitaine Palmer, qui parut fort priser notre cadeau.

Le hasard nous fit aussi découvrir plusieurs grottes curieuses, pleines de stalactites de toute beauté. Lesage avait certainement vu la plus spacieuse d'entre elles, qu'il a si exactement décrite dans son *Gil Blas*, et que nous nommâmes, pour ce fait, *grotte de don Raphaël.*

La plupart des nuits de Cabrera ressemblent aux nuits des tropiques : le ciel y montre toujours ses brillantes étoiles, l'air y est constamment parfumé. Quel contraste avec la désolation des jours passés dans les tortures de la faim! La vie contemplative était par moments enivrante, mais la vie réelle nous était impitoyable. La faim, toujours la faim nous poursuivait jusque dans nos rêves, troublant notre sommeil, nous faisant sursauter. Et notre jeunesse passait ainsi, sans retour, inutile et triste, douloureuse au point d'inspirer des idées de suicide. Quelques-uns parfois y succombaient; d'autres gagnaient la piété : dans le malheur la foi se renforce; d'autres enfin, en plus grand nombre heureusement, tâchaient de réagir contre l'affreuse destinée et lui cherchaient des distractions pour la rendre un peu plus supportable.

Une spacieuse citerne abandonnée nous servait de Palais de justice, d'Académie et de salle de spectacle. C'est là qu'on jugeait les différends entre colons, là qu'on lisait les pièces de nos auteurs, là qu'on représentait leurs chefs-d'œuvre dramatiques. Chaque production nouvelle amenait la critique, la critique éveillait la satire, qui elle-même fomentait des émeutes et des révolutions dans notre république des lettres.

J'eus le malheur de ne pas rester paisible spectateur de cette folle activité théâtrale : j'étais acteur, je devins auteur. Comme tous les auteurs, j'eus mes partisans et mes détracteurs, des applaudissements et des sifflets. J'éprouvai alors la joie des uns, l'amertume des autres, tous les sentiments de la *gent irritable*.

Je produisis donc deux vaudevilles. J'en avais la plus haute idée, je les chérissais comme un père fait de ses enfants. Je les trouvais sans défaut. Ce que les censeurs y voyaient de faible ou de défectueux était précisément ce qui m'en paraissait le meilleur, le plus beau. La critique la plus impartiale me mettait en fureur (1); sans un reste de bon sens, j'en aurais perdu le boire et le manger... ce qui eût été aussi heureux que phénoménal à Cabrera.

(1) Nótré ancien Vélite ne fut jamais en effet très patient.

Lorsqu'on mit aux répétitions le premier de mes chefs-d'œuvre (1), un jeune sous-officier

(1) Nous avons le regret de ne connaître qu'une seule des deux pièces du jeune auteur; elle ne porte même pas de titre. C'est un gai vaudeville où deux frères se disputent la main d'une jeune fille adorablement belle, qui passe pour être aveugle et qui, au dénouement, recouvre la vue après avoir arrêté son choix. Une accorte *soubrette*, personnage obligé du vaudeville, se vante d'*exactitude*, de *fidélité* et surtout de *discrétion*. Cette triple glorification d'elle-même lui vaut, du *père-noble*, une petite tirade que nous citons ici pour donner une idée de l'aisance et de l'esprit qu'on trouve *quelquefois* dans les couplets de cette bluette.

> On vous passe l'exactitude
> Mais non pas la discrétion,
> Et votre principale étude
> Est d'être infidèle, dit-on!
> Ici-bas l'écho nous répète
> A chaque instant, de tous côtés :
> La femme n'est jamais discrète
> Que sur ses infidélités.

Cette boutade amène une verte réplique de la soubrette :

> L'écho répète une sottise
> Que vous lui dictez, sûrement!
> La femme honnête la méprise
> Et sa conduite vous dément.
> Du reste, sur cette matière,
> Je vous le dis puisqu'il le faut :
> Si c'est un crime de se taire,
> Ce n'est pas là votre défaut!

Cette improvisation méritait mieux, semble-t-il, que des sifflets.

De l'autre pièce, hélas! il ne subsiste qu'un refrain. Nous l'avions entendu chanter par les filles de l'auteur, mes cou-

de dragons, que son moral autant que son phy-
sique désignaient fort bien pour l'emploi, y
remplissait un rôle de femme. Il avait en effet
si bien pris les allures du beau sexe qu'il en
oubliait le sien et, qui pis est, le faisait oublier
à ses camarades. Cette espèce d'éphèbe eut le
malheur, par quelques plaisanteries, peut-être
justes, d'allumer ma colère poétique. Pour
toute vengeance, j'en conviens maintenant,
j'aurais dû simplement répondre à ses sar-
casmes par le mot de Mme Dugazon à je ne
sais quel critique : « N'était votre sexe, je

sines, et je me rappelle avoir vu, il y a bien près de soixante
ans, quand j'étais enfant, sourire le vieux guerrier un jour
que, penché sur son épaule, je fredonnais ce refrain, sur
l'air de *La Monaco* :

Vive la danse
Vive le chant
Ce sont les biens par excellence!
Vive la France
Où tour à tour
On rit, ou danse,
On fait l'amour.

Il manque bien une rime à ce refrain, mais ni l'entrain, ni
la note patriotique ne lui font défaut. C'est plus qu'il ne lui
en fallait pour être bien reçu de ces malheureux Français.

L'éditeur.

vous logerais volontiers ma botte quelque part. » Mais j'étais exaspéré, et dès le lendemain la pièce que voici parut et se récita dans toutes les coteries de Cabrera. — Que les romantiques me pardonnent les nausées que pourra leur causer cette vieille défroque de l'Empire.

CHRONIQUE SCANDALEUSE DE CABRERA

Le dieu malin, joufflu, gras, rebondi,
Qui ne voit goutte en plein midi,
Ce vieil enfant qui gouverne le monde
Et le tourmente et le féconde,
Hier, avec ardeur parcourait tour à tour,
On ne sait trop pour quelle affaire,
Tous les lieux aimés de sa mère.
Mais il perdait ses peines et ses pas.
Cypris alors, dans le sein du mystère,
Pressait Adonis dans ses bras.
Et l'amour, voltigeant d'Idalie à Cythère,
De Cythère à Paphos, à Chypre *et cætera*,
Tout essoufflé descend à Cabrera.
Il s'arrête un instant dans cette île déserte
Où la rage espagnole à ses yeux est offerte,
Où le Français, persécuté, proscrit
Dans ce nouvel enfer danse encore, chante et rit.

Là, dans une citerne artistement pourvue
De ce qui peut causer douces illusions,
Un objet enchanteur vient s'offrir à sa vue :
C'est ma mère, dit-il, ah! je la tiens! voyons
Ce qui peut l'arrêter dans un lieu si funeste.
        Aussitôt notre enfant céleste
Se mêle dans la foule en épiant Cypris,
        Souriant à ses favoris,
Le spectacle fini, notre bande joyeuse
    Part et se rend « Aux amis réunis » (1)
    Où l'attendait chère délicieuse.
L'amour les suit, guidé par les jeux et les ris.
        On se met à table, on raisonne,
On médit, on répand la nouvelle du jour,
On chante, on boit, bientôt on déraisonne,
    Et tout cela divertit fort l'amour.
Enfin, l'enfant découvre un jeune homme à la mode
    Pressant les genoux tendrement
    De celle qu'il croit sa maman.
    Bravo! dit-il, c'est fort commode,
    Mais nouvelle n'est pas la mode.
    Le dieu, sans se mettre en courroux,
    Trouve un plaisir cruel et doux,
    Car son humeur n'est point austère,
    A voir cocufier son père!...
Mais, bon! que vois-je, ils s'éclipsent tous deux
    En même temps? Que vont-ils faire?

(1) C'était une des cantines de Cabrera.

Au nom du Ciel ! pardonnez, ô ma mère !
Celle qu'amour prenait pour la tendre Vénus,
        Tant l'aveuglement le possède,
        N'était rien de moins, rien de plus.
        Qu'un jeune dragon... Ganymède !

On voit que dans notre île fertile en douleurs, les lugubres pensées, la mélancolie avaient des heures de répit. Mais le diable n'y perdait rien, car tout en rêvant au plaisir, tout en dansant, chantant et soupirant, car on soupirait à Cabréra, on ne cessait d'être en butte à une faim canine.

Quatre ou cinq femmes, plus ou moins passables, formaient tout le personnel féminin de l'île, et quatre ou cinq mille hommes en étaient tous plus ou moins épris. L'une d'elles, qui n'était pas la moins aimable ni la moins spirituelle, me disait : « Nous sommes ici les reines du monde. Fasse le Ciel que nous n'en sortions que bien tard. Tous nos sujets sont à nos pieds ; vous êtes tous nos esclaves ; nos adorateurs compensent toutes les privations dont nous avons à souffrir. »

Toutes ces folies ne nous empêchaient pas de jeter des regards pleins de tristesse sur un avenir plein de menaces. Quant à moi, découragé, j'estimais que nous ne sortirions jamais de cette île maudite. Et lorsque fut venu, pour les officiers, le moment, tout à fait imprévu, de la quitter, ce ne fut pas sans frémir que je songeai au malheureux sort de tant d'infortunés compagnons d'arme que nous abandonnions à Cabrera.

CHAPITRE V

Départ de Cabrera. — Le 24 juillet 1811 les officiers et les sous-officiers, au nombre de six cents environ, furent embarqués sans avis préalable, sur des vaisseaux de transport. Le lendemain nous mîmes à la voile, escortés par une frégate espagnole et un brick anglais. Et nous laissâmes nos pauvres soldats à la garde de Dieu, sur ce roc désolé, sans connaître nous-même notre destination.

Nos conducteurs espagnols prétendaient nous

mener à Cadix pour y être immédiatement échangés ; mais les Anglais disaient que nous allions à Gibraltar pour y prendre de nouveaux ordres. Ces assertions contradictoires nous firent comprendre ce qu'on allait faire de nous, et le spectre brumeux de la Grande-Bretagne nous apparut comme une réalité prochaine. A ce triste présage le cœur nous défaillit. Aurions-nous jamais cru qu'il nous serait possible un jour de regretter ce lieu maudit de Cabrera, où nous avions tant souffert !

Nos vaisseaux descendirent d'abord au sud et longèrent cette côte inhospitalière de l'Afrique où nous pûmes distinguer la ville d'Alger, bâtie en amphithéâtre sur le flanc d'une colline inclinée jusqu'à la mer. Nous étions alors bien loin de penser que, dans quelques années, elle ferait partie des possessions françaises.

Le 10 août nous mouillâmes dans la baie de Gibraltar, malgré le semblant d'opposition qu'y mit un moment la frégate espagnole.

Deux jours après, nous changions de bâtiment. Dès lors, nous appartînmes aux Anglais,

très illégalement si l'on veut, mais irrévocable-
ment et sans beaucoup de cérémonies.

En nous embarquant à Cabrera, les Espagnols, sous prétexte d'y rechercher des armes,
avaient visité nos quelques guenilles et mis de
côté tout ce qui leur plut, en nous promettant bien de le restituer en temps et lieu. Mais
quand nous changeâmes de maîtres ce fut en
vain que nous fîmes entendre nos réclama-
tions. Les Anglais, témoins de cette honteuse
spoliation, ne dirent rien pour s'y opposer.

Les vents nous retinrent deux ou trois jours
devant Gibraltar, et nous eûmes tout le loisir
de contempler cette roche escarpée que la nature semble avoir fortifiée à plaisir. Les Anglais
ont cru ajouter beaucoup à sa force et la rendre
inexpugnable avec leurs travaux : ils n'y ont
mis que de l'argent, inutilement dépensé.
Grâce à l'incurie espagnole, ils possèdent,
disent-ils, la clef de la Méditerranée : ce n'est
en réalité que la clef de la Péninsule. — Que

cette possession flatte l'orgueil britannique, je le veux bien. Mais qu'ils la gardent, cette clef; elle n'ouvre rien, ne ferme rien et leur coûte énormément. Gibraltar ne peut être qu'un refuge pour les pirates. Et si jamais nous avions la guerre avec les Anglais, ce qu'à Dieu ne plaise! notre nouvelle possession d'Alger nous rendrait l'occupation du Maroc sinon facile, du moins probable, et annihilerait leur fameuse forteresse.

Projet de révolte à bord. — Le 12 août nous partîmes sans regretter nos anciens cerbères, mais redoutant beaucoup les nouveaux. Ce changement, accompli contre le droit des gens et les lois humaines, nous faisait pressentir en effet une longue et peut-être bien dure captivité.

La traversée dura deux grand mois. Elle fut des plus pénibles. Nous n'avions jamais été tant éprouvés par le mauvais temps. J'étais sur le pont, en proie à toutes les affres du mal de mer, mais lorsque nous apparurent, à travers

la tempête, les côtes de France, nous fûmes
pris soudain d'un désir de révolte qui sembla
bien près d'éclater. La patrie! la liberté!
qu'étaient auprès d'elles le magnifique spectacle des flots en furie, leur magique phospho-
rescence, la crainte de nos gardiens! Mais ce
moment de transport, cette velléité, à peine indiqués, furent vite réprimés.

Pendant que je souffrais, étendu sans force,
un de nos officiers était venu me confier, à
l'oreille, le complot qui se tramait chez nos
compagnons de captivité, et mettre entre mes
mains un poignard qui me permettrait d'agir
un des premiers. Le contact de cette arme me
guérit presque tout à coup et me donna toute
l'énergie nécessaire à l'action.

Hélas! au moment où je caressais délicieusement la poignée de mon stylet, les Anglais
venaient de concevoir quelques soupçons et
doublaient notre garde. Promptement je glis-
sai le poignard dans un mauvais sac de toile
qui contenait mes quelques hardes et me servait d'oreiller, et je fis semblant de dormir.

Un contre-maître survint, qui me prit brutalement au collet et, me secouant vigoureusement, se mit en devoir d'ouvrir ce malheureux sac. Je me sentis perdu. Soudain, l'homme change d'allure, se radoucit, renferme mes hardes et s'éloigne. — Il venait d'apercevoir, placé au-dessus de mon petit bagage, afin d'éviter qu'il y fût trop chiffonné, mon brevet de franc-maçon, que j'avais eu le bonheur de conserver à travers toutes les péripéties de mes campagnes.

Ce contre-maître était un *frère* écossais. Il fit part de sa découverte aux autres frères. Dès lors et durant toute la traversée, chacun vint tour à tour me *tuiler*; on me choisit une meilleure place, près de la dunette; on m'apportait du lard, du bœuf salé, de la bière, du rhum et même du vin. Ma position fut pour un temps bien améliorée. Mais nous arrivâmes enfin.

Les pontons. — En débarquant à Portsmouth, nous fûmes jetés, pêle-mêle, sur d'affreux pontons, parfaites images de la désolation de Cabrera, moins cependant la liberté d'aller et de venir en plein air et de jouir d'un climat salubre, et d'ailleurs avec les mêmes vexations, la même profonde misère, augmentées d'une saleté révoltante, d'une puanteur intolérable. Sur les pontons anglais nous trouvions un peu plus de nourriture, mais très peu d'espace pour vivre... et pour mourir; à Cabrera, les Espagnols nous laissaient la terre et la mer pour nous ensevelir, mais presque rien pour vivre.

Quelles lessives n'a-t-il pas fallu pour dépouiller de l'horrible vermine qui les rongeait ceux de nos compagnons que nous laissâmes dans ces bouges flottants, honte éternelle d'Albion, s'ils ont jamais été rendus à la liberté.

Heureusement pour nous, officiers, nous y séjournâmes à peine. Chacun reçut, avec son passe-port, une guinée (25 fr.) d'avance pour gagner nos cautionnements (1) dans l'intérieur

(1) CAUTIONNEMENTS : ville assignée pour résidence à des officiers prisonniers sur parole. *Dict. Larousse.*

de la Grande-Bretagne, en échange de notre parole d'honneur de ne point en sortir, ni d'enfreindre le règlement des prisonniers de guerre.

Certains de nos sous-officiers furent envoyés à Portchester, attendu que, par bonheur pour eux, il n'y avait plus de place sur les quatorze pontons de Portsmouth.

Notre exil et nos tourments durèrent jusqu'en mai 1814, c'est-à-dire quatre années et demie, depuis notre reddition sur les bords de la Cinca jusqu'à notre départ pour la France. A ce moment, le gouvernement anglais, dont l'inhumanité envers nous avait été si cruelle, ne manqua pas de nous munir chacun d'une Bible, sans doute pour nous donner l'occasion de méditer sur la charité évangélique et de la comparer avec la sienne.

Départ pour l'intérieur. — Ceux d'entre nous qui possédaient quelque argent étaient déjà partis pour leurs cautionnements respectifs. Les autres, et c'était le plus grand nombre, durent attendre que les bonnes âmes de l'Amirauté voulussent bien penser à leur faire l'aumône de la guinée nécessaire à leurs frais de voyage.

On a prétendu, à cette occasion, que lord Bathurst s'était donné le malin plaisir de leur faire attendre cette faveur pour laisser le temps à ceux d'entre eux qui seraient tentés de manquer à leur parole de bien s'imprégner des délices qui les attendraient sur les pontons.

Lord Bathurst fut pour nos prisonniers en Angleterre le digne équivalent de notre fameux aumônier de Cabrera.

Voici la copie de l'engagement que l'on nous fit signer :

HONNI SOIT

QUI MAL Y PENSE

DIEU

ET MON DROIT.

Règles que tous les prisonniers de guerre sur parole seront tenus d'observer.

Le prisonnier a donné sa parole d'honneur qu'il ne sortira pas des bornes qui lui sont prescrites, sans avoir obtenu une permission à cet effet des commissaires préposés à la garde des prisonniers de guerre; qu'il se conduira décemment, et avec les égards dus aux lois du Royaume-Uni de la Grande-Bretagne et de l'Irlande; et de plus que, pendant son séjour en Angleterre, il n'entretiendra nulle correspondance, ni directement ni indirectement, avec aucun ennemi de Sa Majesté britannique; qu'il ne recevra, ni n'enverra aucune lettre ou lettres quelconques autrement que par les mains de l'agent des dits commissaires, afin qu'elles soient lues et approuvées par lui.

Ce qui suit sont les limites des heures prescrites.

Il est permis au prisonnier de se promener sur la grande route publique à la distance d'un mille des extrémités de la ville, mais il ne doit entrer dans aucune prairie ou champ, ni chemin de traverse ni s'absenter de son logement après cinq heures du soir, pendant les mois de février, mars, avril, septembre et octobre; après huit heures dans le mois d'août; ni après neuf dans les mois de mai, juin et juillet; et il ne doit en aucun temps sortir de son logement avant six heures du matin.

I do hereby certify, that the bearer, M. Frederik Billon, lieutenant 14th regiment,

Is a french prisoner of war residing under my care at Iedburgt — and that he is bound by his parole of honour to the faithful observance of the above regulations.

Given under my hand this 16th day of february 1812, at

GEORGE BELL
(Agent for prisoners of war on parole),

(Signature of the bearer)

F. F. BILLON.

GRATIS.

Ainsi donc il ne nous était pas permis de nous éloigner à plus d'un mille de notre résidence; nous devions nous coucher comme les poules et soumettre notre correspondance à un commissaire préposé des postes, cancanier, faisant part à ses amis et connaissances de tout ce qui pouvait les amuser à nos dépens dans nos lettres.

Après ces aimables restrictions à nos libertés, dûment signées, je m'acheminai avec quelques compagnons vers Moreton Hampstead, dans le Devonshire. Nous avions une demi-guinée (12 fr. 50) à dépenser par semaine, moins une certaine retenue hebdomadaire pour le remboursement de la guinée qu'on nous avait avancée au départ. C'était juste de quoi ne pas mourir de faim dans ce pays sans contredit le plus riche du monde, où tout était hors de prix. Nous y demeurâmes huit mois dans une famine cabrerarienne.

Mœurs anglaises. — Nous n'étions pas les seuls d'ailleurs à pâtir : au milieu de tant de richesses le quart au moins de la population ne vivait que de pommes de terre. Et, s'il est vrai que le meilleur des gouvernements est celui qui fait le plus grand nombre d'heureux, l'Angleterre ne peut prétendre à ce titre. S'il en était ainsi dans les petites villes de province, que devait-il se passer dans les grands centres du royaume : à Liverpool, Manchester, Birmingham, ce puissant trio du commerce anglais! Les neuf dixièmes des ouvriers y mouraient de faim comme nous et n'étaient soutenus que par l'alcool, le whisky, conséquence de l'éternelle guerre de l'Angleterre avec la France, après celle qu'elle venait de terminer contre l'Amérique. Ses armées, sa marine, alimentées par le recrutement, étaient composées, malgré tout, de bons et solides soldats. L'Angleterre les ménageait, prodiguant l'or à ses alliés, épargnant le sang de ses hommes.

Il est, dans la vertueuse Angleterre, une loi dont les libertins s'accommodent à merveille et qui possède également le mérite de mettre certaines jeunes filles fort à l'aise sur les conséquences d'un faux pas.

Elle trouva, pendant notre séjour dans ce pays, de nombreuses occasions de s'appesantir sur les prisonniers français. D'après cette loi, le père supposé d'un enfant naturel est contraint d'en épouser la mère, ou de lui servir une pension. Combien de mariages biscornus n'ai-je point vu contracter entre Anglaises et prisonniers français. Il est juste de dire qu'on laissait à ces derniers le choix d'épouser ou de retourner au ponton.

Dans une petite ville des environs de Moreton où nous étions en résidence, une fille se déclare enceinte, mais refuse de désigner l'auteur de sa grossesse, alléguant naïvement son incertitude et le danger qu'il y aurait à inculper l'un plutôt que l'autre. Mais le commissaire du lieu ne l'entendait point ainsi, et, persuadé que la déclaration de la jeune fille ne pourrait porter que sur quelqu'un des nôtres, qu'il détestait tous cordialement en leur qualité de Français, il exigea une dénonciation formelle et par serment : « Eh bien! dit la mère, en présence des Anciens du consistoire et la main sur la Bible, puisqu'il faut que mon enfant soit pourvu d'un père, vous n'avez point oublié que ce peut être vous! Autant vaut donc que ce soit vous qu'un autre! » Et nos Français furent bien joyeux de ce verdict. On fit alors parmi nous et surtout parmi les habitants de la ville une quête qui produisit cent livres sterling (2,500 francs). La jeune mère fut ainsi mise à l'abri du besoin et l'enfant resta à la charge du commissaire. — Il est toujours amusant pour un Français de voir rouler le commissaire.

Le général de Rochambeau était un des prisonniers de notre cautionnement. C'était un causeur charmant; sa conversation piquante, variée, étincelante égayait nos réunions. L'Empereur disait de lui qu'il avait aussi toutes les qualités d'un général d'avant-garde, mais rien de l'administrateur. L'administration en effet n'était pas son fort : il l'avait bien montré à Saint-Domingue. Mais Rochambeau était un homme d'esprit doublé d'un artiste et d'un très habile caricaturiste, expert à saisir le côté ridicule des physionomies et des choses. Comme il se moquait sans cesse du *Transport-Board*, qu'il traitait de vieilles croûtes, ces messieurs le firent jeter en prison. Il s'en vengea par de nouvelles caricatures si amusantes que les Anglais eux-mêmes en riaient les premiers. On se les transmettait d'un bout du royaume à l'autre : la liberté lui fut bientôt rendue.

J'ai beaucoup joui des charmes de la conversation du général. Nous étions très bons amis, malgré l'énorme distance de nos grades. Il me prêtait, pour jouer sur le théâtre que nous avions improvisé le rôle du comte Almaviva dans *le Barbier de Séville*, ses somptueux costumes, qui m'attiraient l'admiration du beau sexe et me valurent plusieurs aventures galantes.

Rachel et Chloé. — J'étais logé vis-à-vis d'un assez confortable hôtel, tenu par une veuve fort avenante, et sa fille, très joli minois de quinze à seize ans.

Un jour la représentation du *Barbier de Séville* venait de finir un peu avant l'heure réglementaire du couvre-feu, et nous rentrions en même temps, la veuve, sa fille et moi, quand nous nous rencontrâmes presque sur le seuil de ma porte. Fort gracieusement, ces dames m'offrirent le thé chez elles. J'acceptai avec le plus grand empressement.

Pendant qu'elles se débarrassaient l'une et l'autre de leur toilette de spectacle et, comme à plaisir, étalaient sous mes yeux charmés leurs belles épaules pétries de lis et de roses, je m'amusais à les accabler de compliments plus ampoulés les uns que les autres sur l'éclat de leur teint, sur la limpidité de leurs grands yeux...

La mère, avec un embarras bien joué, observa que mon logement chez le voisin devait être assez peu confortable, et hasarda de m'en proposer l'échange contre un joli appartement de son hôtel, dont elle me fit aussitôt les honneurs. L'offre me plut, cela va sans dire, et il fut convenu que dès le lendemain je délogerais.

Cet arrangement ne parut pas convenir à Mlle Chloé, sa fille; mais Mme Rachel, toute à ses projets, ne sembla pas s'apercevoir de cette improbation. Cependant, le lendemain matin, à mon réveil, je trouvai sur ma table de nuit, sans pouvoir comprendre comment il y avait été apporté, un petit billet où l'on me disait : « Le comte Almaviva voudra bien ne pas se hâter de prendre congé de son appartement. Ce soir on lui en donnera la raison. »

Ce petit mystère m'intrigua fort : je voyais avec ennui s'envoler mes beaux rêves, se démolir mes beaux projets bâtis sur un rapprochement si commode, et j'attendis le soir avec impatience.

Vers les dix heures, ma porte s'ouvrit tout doucement et, par l'entre-bâillement, la jolie tête de Mlle Chloé m'apparut, un doigt sur les lèvres : « Ma mère me suit, dit-elle rapidement ; consentez à toutes ses propositions... » et elle disparut. Je l'entendis grimper lestement l'escalier et se blottir dans le grenier au-dessus de ma chambre. Presque aussitôt, la mère parut en coup de vent. Je la croyais à la poursuite de sa fille ; pas du tout, c'est pour moi qu'elle venait, et, tombant dans un fauteuil, fondant en larmes, elle m'assura qu'elle ne pouvait se pardonner l'imprudente proposition qu'elle m'avait faite la veille : « Mais j'étais égarée, s'écria-t-elle en sanglotant, la passion m'emportait. Je n'avais jamais encore aimé (feu son mari était un vieillard), c'est la première fois, je vous assure; je n'ai pas compris où cela peut me conduire! » Tout étonné de ce flot de paroles, de ce déluge de larmes, je la regardai, d'abord un peu surpris, quand, s'interrompant brusquement, je la vis jeter un coup d'œil anxieux sur la porte restée ouverte. Je compris, et me hâtai de fermer, pour rassurer la belle éplorée. Dès lors elle se laissa prodiguer les plus tendres consolations, en y mettant de mon côté toutes les précautions qu'exigeait le voisinage de Chloé.

Nous fûmes interrompus par le maître de la maison qui, en passant sur le palier, heurta pour me demander si je n'avais besoin de rien. Sur ma réponse négative, il s'éloigna. Mais ma timide colombe, à cette intervention imprévue, avait été saisie d'une telle peur que, plus morte que vive, elle me supplia tout aussitôt de la reconduire chez elle. Le trajet n'était pas long; je fus promptement de retour.

Mais en rentrant dans ma chambre j'y trouvai la jeune Chloé, glacée de terreur comme sa mère qu'elle avait crue, comme moi, à sa poursuite, et qui dut, elle aussi, être rassurée. Comme la belle n'avait heureusement rien compris à la scène précédente, elle pensa être seule en possession de ma tendresse, et s'y abandonna tout entière.

Je n'avais pas à ménager les Anglaises plus que les Anglais. Cette piquante aventure aurait pu durer longtemps si l'idée de mariage n'avait germé peu à peu et en même temps dans le cœur de la mère et de la fille, chacune pensant pour elle. Je me tirai comme je pus de ce double embarras, mais non sans provoquer larmes et invectives de la part de chacune de ces tendres filles d'Albion.

Vexations. Désertions. — Cependant le Transport-Office nous continuait ses vexations et ses rigueurs. A la moindre infraction aux règlements qu'il nous avait imposés : si l'on franchissait d'un pas la limite du mille, si l'on rentrait chez soi une minute après le couvre-feu, une amende d'une guinée était la conséquence inévitable pour le délinquant. Une guinée! c'était, hélas, pour bien des jours, une terrible brèche à notre pauvre menu. Les délateurs ne manquaient pas autour de nous; la canaille, partout facile à exciter, se faisait un plaisir de dénoncer tous nos petits méfaits.

Aussi, n'est-il pas étonnant que nombre de prisonniers aient cherché à se soustraire à tant de vexations et pris soudain le parti de rompre leur parole, donnée d'ailleurs par force et à des êtres si peu humains.

L'Amirauté, inquiète de toutes ces désertions, résolut de faire transporter les prisonniers en Écosse, particulièrement ceux dont les cautionnements étaient voisins de la mer.

Une escorte imposante nous conduisit à Plymouth, en rangs serrés, comme des forçats, moins la chaîne.

A Plymouth on nous embarqua sur *le Romulus*, espèce de frégate armée en flûte, dont les malheureux prisonniers se souviendront longtemps, et aussi de son capitaine, lord Balgony.

Lord Balgony est un Écossais digne d'être Espagnol : sans crainte, l'Angleterre pourrait lui confier la conduite de ses malfaiteurs à Botany-Bay. Ce jeune lord, sans noblesse de caractère, nous traita sans pitié. Mais peut-être n'agissait-il ainsi que pour obéir aux ordres cruels du ministre. Quand nous sortîmes du *Romulus*, nous ressemblions à des échappés de l'enfer.

En Écosse. — Nous fûmes dédommagés du supplice que nous venions de subir par le bienveillant accueil des Ecossais et la pitié des Ecossaises, pleines d'aménité, de langueur et de grâces.

Si la raideur des filles d'Albion guérit souvent de l'admiration qu'inspire leur premier aspect, il n'en est point ainsi des Calédoniennes.

Leur gaîté est douce, leur physionomie est mélancolique, mais assaisonnée d'un peu de malice qui en relève la saveur.

La liberté dont jouissent les jeunes filles dans ce pays est pareille à celle des Anglaises. La loi les protège également. L'étranger qui les voit apparaître en société l'air timide, les yeux baissés, les joues rouges de pudeur, le maintien modeste s'étonne de les rencontrer le lendemain, seules, en des lieux écartés ou sur des promenades publiques, et même au spectacle. Plus d'une sait dissimuler devant ses parents ou ses proches le sourire, le tendre regard qu'elle adresse à celui qu'elle préfère; mais que de fois l'heure de Roméo n'a-t-elle pas sonné pour nos Français en Écosse!

Il est vrai qu'une fois mariée, tout est dit pour les amours clandestines de la jeune Calédonienne. Alors, mais seulement alors, je la donnerais volontiers pour modèle aux Françaises.

Un jour de fête maçonnique, où tous les

rangs sont confondus, un homme considérable de la localité, après avoir pris sur mon compte quelques renseignements auprès de mes compagnons d'exil, vint me proposer de donner chez lui des leçons de langue française à ses enfants et à quelques misses de leurs amies, qui s'y réunissaient tous les jours.

Je ne possédais point assez l'anglais pour prétendre au titre de précepteur; j'avais au contraire beaucoup à apprendre; mais considérant qu'en enseignant aux autres, j'aurais une belle occasion de m'instruire moi-même, j'acceptai la proposition, en y mettant toutefois la condition absolue que mes leçons seraient gratuites. On fit quelques façons; je n'en démordis point; et, le lendemain, un groom à cheval, avec un autre cheval de main, attendait à ma porte pour conduire le nouveau magister dans une belle maison de campagne où il fut particulièrement bien accueilli.

C'est là que, par une de ces belles journées de mai, si rares en Écosse, apparut à mes yeux éblouis, au milieu de quinze beautés, celle qui, durant plusieurs mois, devait faire mon bonheur. Elle était belle d'une beauté antique, un vrai marbre de Paros, animé d'un regard fascinateur, d'une voix enchanteresse.

Nous ne tardâmes pas à nous comprendre : mes sentiments pour elle étaient partagés. Le jour où notre amour fut scellé, elle voulut, pour le consacrer, rompre, à la mode de son pays, une pièce de monnaie dont nous gardâmes chacun une moitié.

Jean-Jacques Rousseau prétend, dans son roman passionné, *la Nouvelle-Héloïse*, que le premier baiser d'amour est âcre au goût. Lord Byron a été bien mieux inspiré quand il assure que « l'Eden se retrouve dans ce premier baiser d'amour ». Le nôtre me parut d'une douceur ineffable.

A dater de ce moment de félicité suprême, je ne vécus plus que la nuit. Je faisais quatre lieues dans l'obscurité, à pied, souvent dans la neige ou sous la pluie, mais avec tant de précautions que jamais personne ne sut rien de mes courses, ne connut rien de leur but.

J'étais monté au paroxysme de la passion.

Mais quand le bonheur est si grand, il n'est pas de durée. Nous dûmes subir la loi commune.

Un jour on lui parla de mariage!... Avec terreur, elle me fit part de cette affreuse nouvelle, qui resta pourtant quelques mois encore à prendre consistance. Mais hélas! les convenances, un intérêt bien assorti, la parole des parents donnée, tout enfin lui faisait une cruelle nécessité d'obéir... ou de mourir.

Désespérée, elle vint à moi un soir pour me proposer ce dernier parti, le seul qui nous restât de n'être point séparés en ce monde.

Je dois avouer ici que, malgré toute la puissance, toute l'immensité de mon amour, je n'eus pas le courage d'accepter sa vie. Ses paroles, sa voix expiraient dans les sanglots. Elle me fendait l'âme. L'excessive tendresse qu'elle m'inspirait vint à mon aide. J'eus pitié de cette belle créature, et je me sentis assez de force, au risque de perdre sa confiance et son estime, pour l'encourager à supporter la vie.

Il était à ce moment trois heures après minuit. J'osai lui prêcher la résignation... Alors
et tout à coup ses traits prirent une expression
de désespoir indicible, son âme sembla dé-
vastée. Elle s'enfuit tout courant sans retourner
la tête vers moi. Ce fut son éternel adieu...

Quinze jours après, je la revis de loin. Elle
était l'épouse d'un autre! — Il me resta longtemps des doutes sur la réalité de son bonheur.
Pourtant on le disait certain.

Ces sortes de compromis se voient fréquemment en Angleterre, conséquence forcée de la
très grande liberté laissée aux jeunes filles.

Si l'Angleterre, l'Écosse et l'Irlande ne
forment qu'un seul royaume, ces trois parties
sont bien distinctes par la religion, les goûts'
l'esprit qui les anime, par la haine profonde
qu'elles se portent mutuellement. Mais de
toutes ces causes de division, la religion est la
plus forte.

L'Irlandais, catholique, hait l'Anglais et
dissimule. Quand il en passait un parfois dans

nos cautionnements, on le voyait, l'air humble
et misérable, s'approcher de nous avec mystère,
nous serrer furtivement la main et s'éloigner
avec un signe de croix.

A Londres, un Écossais des Terres-Hautes
est une bête curieuse. On le reconnaît à son
allure gauche, embarrassée. C'est l'Auvergnat
de l'Angleterre. Il ne descend de ses hauteurs
que pour tenter la fortune, mais la plupart du
temps le terrible whisky absorbe toutes ses
économies.

Cependant on compte un grand nombre
d'Écossais qui se sont distingués dans toutes
les branches de l'administration ou de l'esprit,
en Grande-Bretagne.

Mungo-Park. — J'ai connu à Selkirk le frère
du célèbre explorateur africain, Mungo-Park.
Personne, avant ce hardi voyageur, n'avait
atteint les frontières du Soudan, ni suivi les
grands fleuves de l'intérieur de l'Afrique. Sa
mort, survenue en 1806, fut une perte immense pour la science.

Walter Scott. — J'ai vu l'immortel Walter Scott. Sous une physionomie assez peu engageante, sous sa tournure assez commune, avec un pied-bot, comme Byron, il recèle un admirable génie de conteur. Ses chefs-d'œuvre méritent leur réputation universelle, mais son beau talent est entaché d'une vénalité qui a poussé l'auteur jusqu'au dégradant mensonge. Son *Histoire de Napoléon* a été payée par Castlereagh et par Bathurst, ces deux acharnés ennemis de la France.

Walter Scott était sous-shérif de Selkirk. — Partout où il y a des Français, partout s'élève un théâtre. Le célèbre auteur de Wawerley assistait assez régulièrement à nos représentations. Un soir où l'on jouait *l'Esprit de contradiction*, de Dufresny, il s'avisa de demander à quelqu'un de ses voisins le nom de l'auteur de cette très ancienne pièce. Personne ne sut le lui dire, et c'est de là qu'il partit pour déclarer fort impertinemment que les officiers français sentaient, comme on les en accusait, l'aiguille, l'alène ou le peigne. — On eût pu répondre à ce génie : pourquoi l'ignores-tu toi-même? — Mais il y avait parmi nous des fils d'aussi bonne maison que le baronnet de Selkirk.

L'un d'eux, blessé de cette désobligeante remarque, la rectifia fort à propos : « Comment ne vous êtes-vous pas aperçu, monsieur le sous-shérif, que, depuis que notre armée est toute roturière, uniquement composée de tailleurs, de perruquiers et de savetiers, elle a battu toutes vos armées royales et promène par toute l'Europe ses victoires, malgré l'or de l'Angleterre? » La réplique valait l'observation.

Intempérance. — Les Écossais sont généralement très instruits. J'ai vu un magister de ce pays, un M. Laurain, qui savait toutes les langues mortes et vivantes, même le bas-breton. Mais leur intempérance n'a d'égale que celle des Anglais. J'ai assisté bien souvent à des galas, même en haut lieu. Partout mêmes habitudes : au dessert, les dames quittaient la table, laissant les hommes seuls, libres de se livrer à l'orgie. J'aurais préféré suivre ces dames et laisser ces messieurs s'enivrer d'un nectar qu'elles ne versaient plus. — Dès neuf heures du soir, les trois quarts des hommes du Royaume-Uni roulent sous la table. Le grand Pitt lui-même, dit-on, s'enfermait, après les affaires, pour boire à l'aise, et l'on avait remarqué, dans son entourage, qu'en état d'ivresse, il était toujours plus furibond contre la France que lorsqu'il était à jeun.

Esprit anglais. — Cependant le gouvernement britannique continuait à nous faire avaler goutte à goutte l'absinthe des tracasseries, des persécutions qu'il savait si bien distiller. Sous prétexte de chants séditieux que l'on entendait sur notre petite scène, il fit fermer le théâtre où nous trouvions notre plus grand plaisir, où la population tout entière assistait à nos représentations, qui nous valaient ses sympathies. Elle demandait souvent nos chants patriotiques, la *Marseillaise*, le *Chant du Départ*. Le ministère y mit bon ordre.

L'Anglais, très enorgueilli de lui-même, fier comme un paon, traite de vaniteux les Français. Mais ce défaut, que nous avons un peu, c'est vrai, leurs femmes nous le pardonnaient. Ils pourraient faire comme elles. Il est certain que nous avions pour ces dames toutes sortes d'attentions et de politesses : c'est le fond de notre caractère, mais c'est le contraire du caractère anglais.

Leur patriotisme, la chose est également certaine, est bien au-dessus du nôtre. Tout ce que le gouvernement décrète n'est jamais persiflé comme nous le faisons en France, où nous n'avons ni leur supériorité intellectuelle, ni le degré de leur instruction. Chacun sait lire, en Angleterre, discuter ses opinions, chacun y est libre de penser, d'écrire. C'est là une force immense pour une nation.

Le succès de nos armes par toute l'Europe ne les décourageait pas. Mais quand leur armée, comme en Portugal, se trouvait dans une situation critique, quelle anxiété, quel malaise dans tous les partis ! — Et quel effroi, quand ils virent l'Aigle impériale planer sur toutes les Russies! Ils ressemblaient alors à l'équipage d'un navire désemparé qui verrait fondre sur lui cent orages des tropiques.

Ils n'avaient aucune confiance en l'alliance que Napoléon venait de contracter avec l'Autriche quand il eut épousé la fille de François II; ils se disaient certains que tôt ou tard le vieil Empereur trahirait son gendre. Quant à eux, ils se vantaient de n'avoir jamais trompé Napoléon : aucun Anglais, en effet, n'était partisan du grand homme, mais ses admirateurs étaient multitude. Les lords Wetworth, Bathurst, Castlereagh et autres, qui ont employé tous les moyens pour nuire à notre Empereur, n'ont jamais vu un écrivain anglais se lever pour chanter leur louange. C'est là un fait tout à l'honneur du caractère de cette nation.

Rapatriement. — Cependant l'Europe voyait se précipiter les événements de l'extraordinaire odyssée napoléonienne. L'implacable fatalité fondait brutalement sur notre glorieuse patrie.

Nous étions, nous, les plus malheureux de ses fils, ne pouvant pas la défendre, n'attendant rien de bon sur le sort réservé à Napoléon. Nous ne doutions pas un seul instant de l'avenir : « Les plus forts en ce moment, disions-nous, ne le seront jamais assez pour rester toujours les maîtres. »

Napoléon était détenu à l'île d'Elbe, on ne redoutait plus son action. Les Bourbons, installés aux Tuileries, semblaient devoir y vivre en paix. On songea aux prisonniers de guerre, et l'on fit enfin les apprêts de notre rapatriement.

Dans les conditions politiques où nous devions la retrouver, il nous était impossible d'apprécier le bonheur d'être rendus à la Patrie. Nos geôliers étaient surpris de ce qu'ils prenaient pour de l'indifférence. Mais la majeure partie de nos connaissances parmi les habitants n'y fut point trompée. Elle nous comprit et nous témoigna son intérêt. Nous surprîmes des larmes de sympathie dans les yeux de nombreux Écossais.

Nos prisonniers, en rentrant en France, ont emporté contre la nation anglaise une vive irritation au cœur. Ils ne l'ont pas bien jugée. C'est sur son gouvernement d'alors qu'il faut déverser le blâme et le mépris, car il a tout foulé aux pieds : justice, équité, bonne foi, n'ayant pas même pour excuse la passion de la gloire.

En repassant par Édimbourg, nous visitâmes le château d'Holyrood, et dans les appartements qu'y occupait le prince d'Artois quelques jours avant, nous fûmes très surpris de trouver une jeune et jolie fille française, dont le père était, je ne sais plus à quel titre, attaché à la maison du prince. Elle nous fit les honneurs du palais, sans faire grâce du moindre détail historique, tragique, ou galant de cette vieille demeure royale où vécut si peu d'années la belle Marie Stuart.

A Édimbourg, on nous représentait le comte d'Artois et le duc de Berry, toujours la menace à la bouche contre la France, bafouant les mots de liberté, d'égalité ; disant que ce pays n'avait plus besoin de braves puisque la guerre était passée de mode, et que les plus glorieuses de nos époques révolutionnaires n'étaient que temps de brigandage, de désordre, de rapine. — Aussi rentrions-nous en France complètement édifiés sur le compte de ces frères du roi.

Retour de l'île d'Elbe. — Nous touchâmes le sol français quelque temps avant le jour où, de son côté, Napoléon débarquait de l'île d'Elbe, et nous espérâmes bien, dès lors, prendre un rôle actif à cette rentrée triomphale, où l'on vit quinze cents grognards de la Vieille Garde reprendre possession sans coup férir d'un État tout entier de trente millions d'âmes.

Napoléon rentrait en France sur la foi qu'il avait en son ancienne armée. Il y trouva le peuple aussi fidèle que ses vieux soldats. Tout Paris demandait des armes. J'ai entendu Bugeaud et Labédoyère blâmer hautement l'Empereur de ne point lui en donner.

J'ai pu juger par mes yeux de l'ardeur que les populations témoignaient partout d'être admises dans les rangs des défenseurs de la patrie.

Les habitants des campagnes surtout venaient se mettre à la disposition des autorités. Mais, sans oser ouvertement les repousser, on travaillait sous main à les lasser, à les dégoûter, afin d'éteindre cette belle ardeur patriotique. Et ma conviction est que, si tant de bonne volonté eût été mise à profit, l'étranger aurait eu peine à sortir de France.

On a vu, dans l'armée des *Cent jours,* de nombreux chefs de corps suivre le mouvement au lieu de se mettre à la tête, très préoccupés de conserver leurs nouveaux emplois, hésitant sur le parti à prendre, redoutant de brûler leurs vaisseaux. La plupart, saturés de gloire, rassasiés de conquêtes, ne songeaient plus qu'à jouir du présent. Mais il en allait autrement des soldats et des hommes du peuple. L'Empereur, selon le conseil de Bugeaud, devait donner à ces derniers des armes et des grades, confier les commandements à de nouveaux venus, mettre les anciens à la retraite.

Nos pauvres soldats, lorsqu'ils s'étaient vus contraints de servir un nouveau maître, s'y étaient résignés à contre-cœur; mais, dès la réapparition du premier, leur cœur et leur conscience volèrent à lui. Ah! s'il en eût été de même dans les hauts rangs!... Mais là, on était fatigué de LUI, on n'en voulait plus.

Rentrée au 14e. — Je fus réintégré dans le 14e régiment de ligne, qui eut l'honneur, en 1815, d'être proclamé par l'illustre maréchal Mouton, comte de Lobau, digne toujours de porter le titre de BEAU ET BRAVE 14e.

La plupart des régiments avaient été affaiblis par un trop grand mélange, ce qui fit dire à l'Empereur : « ILS ne sont restés qu'un an, et ils ont trouvé, même en temps de paix, le secret de me tout gâter. »

Le 14e était commandé par mon ancien camarade Bugeaud, entré comme moi dans les Vélites, mais dont la carrière, pour le bien de la France, n'avait pas subi d'interruption. Ses talents militaires d'ailleurs étaient incontestables. Il était un des rares soldats de cette époque ayant conservé les traditions du maître de tant de grands capitaines.

A Orléans, nous eûmes l'honneur d'être visités par Mgr et Mme d'Angoulême. Ce pauvre duc avait une physionomie fort débonnaire; c'est en vain qu'il cherchait par moments à transformer en air conquérant cette bonhomie naturelle : il se gonflait comme la grenouille de la fable. Lorsqu'il nous passait en revue et parcourait le front de nos troupes, il ne disait rien, et le troupier malin observait alors : « Il est trop bête pour parler; » mais si par hasard il nous adressait quelques paroles : « Il est trop bête pour se taire ! »

Quand à madame son épouse, ses traits portaient la mélancolique expression qu'y avaient laissée ses longues infortunes; sa voix avait quelque chose de grave et même de viril. Je l'entendis me faire l'honneur de s'informer si nous nous trouvions satisfaits à Orléans du casernement et des vivres.

Une mission périlleuse. — Quand l'Empereur arriva de l'île d'Elbe, on nous fit partir d'Orléans sans nous en donner le motif. C'est à Montargis seulement que nous apprîmes le débarquement de Napoléon.

Nous le rejoignîmes à Avallon. Quelle joie ! — Là, en sa présence même, la mission me fut confiée de retourner à Orléans où se trouvait encore notre dépôt.

J'avais ordre de transmettre au général Pajol l'instruction de marcher immédiatement sur Paris et d'entraîner, en avançant, toutes les troupes qu'il rencontrerait sur sa route. J'acceptai sans hésitation cet appel à mon dévouement, sachant pourtant bien à quel péril je m'exposais, car le général Dupont, le vaincu de Baylen, saisissait au même moment et au nom du roi le commandement de la place, et, dans son ordonnance, datée *de son règne le vingtième*, le roi quittant les Tuileries disait : « Seront punis et poursuivis tous les employés qui prêteront assistance.., etc... » — *De son règne le vingtième!* quel escamotage effronté et ridicule ! — Napoléon le lui fit bien voir en s'installant à sa place au château des Tuileries, le 20 mars 1815.

Dès mon arrivée à Orléans, je fus reconnu, arrêté et conduit à Dupont qui m'interrogea lui-même. Au lieu de me faire fusiller sur-le-champ, comme il en avait le droit, il me mit en surveillance sous la responsabilité du commandant de place. Celui-ci me fit garder à vue nuit et jour par deux sentinelles, tout en m'envoyant à manger des huîtres confites. J'avoue qu'en cette circonstance je ne pris pas grand plaisir à ce mets délicat : s'il y allait de la tête du commandant, je pensais que la mienne était bien compromise.

Heureusement, l'aigle dans son vol rapide me tira promptement d'affaire, et l'on peut bien s'imaginer que plus tard, au retour de

Notre Père de Gand, je m'abstins de me vanter de cette équipée (1).

En sortant de prison, et avant de prendre la diligence pour gagner Paris au plus vite, je fus invité à déjeuner chez le général Pajol, avec le général Colbert.

Pendant le repas, un des aides de camp,

---

(1) J'ai reçu tout récemment du brave colonel Paquet, mon frère d'arme et mon ami, le certificat ci-après, au sujet de la mission dont je viens de parler :

MAISON
de
L'EMPEREUR
—
SERVICE
du
GRAND MARÉCHAL DU PALAIS
—
PALAIS DE MEUDON
—

Je soussigné certifie qu'il est à ma parfaite connaissance qu'à l'époque des Cent jours et au moment où l'Empereur marchait sur Paris, mon ami Billon Frédéric, alors lieutenant comme moi au 14e régiment de ligne, fut chargé d'une mission qui offrait les plus grands dangers puisqu'il s'agissait de traverser une partie de la France, alors en armes, et d'aller d'Avallon à Orléans pour y porter au général Pajol l'ordre d'enlever les troupes au nom de l'Empereur et de se diriger sur Paris.

M. Billon arriva en effet à Orléans, mais il fut immédiatement arrêté par les ordres du général Dupont, commandant au nom de Louis XVIII et mis au secret jusqu'au moment où l'on apprit à Orléans l'entrée triomphale de l'Empereur à Paris.

Palais de Meudon, le 26 octobre 1857.

Le colonel commandant pour le grand maréchal du Palais,

A. PAQUET, *signé.*

M. de Joussé, me raconta leur première entrevue avec le maréchal Saint-Cyr. Celui-ci trouva mauvais que ces deux généraux eussent sitôt remplacé la cocarde blanche par la *cocarde tricolore*. « Elle y est et elle y restera! » répondit crânement le brave et beau Colbert. « Que je vous embrasse pour avoir si bien dit, » ajouta Pajol.

Le dit maréchal Saint-Cyr fut obligé de s'affubler d'une blouse de charretier pour échapper au ressentiment et aux recherches de nos troupiers qui ne parlaient de rien moins que de faire passer le goût du royalisme à ce nouveau converti.

Et c'est alors que Bugeaud prétendait avec raison qu'une nouvelle organisation de l'armée s'imposait : « Il faut, disait-il tout haut, la retremper complètement en renouvelant tous les chefs. Ils ont moissonné assez de lauriers. » — Alors, la victoire qui avait donné à la France tant de preuves de fidélité nous eût peut-être encore souri.

Revue aux |Tuileries. — A la revue du

25 mars, aux Tuileries, je vis plusieurs de nos régiments portant les numéros que je leur connaissais déjà, avec leurs surnoms de bataille, mais hélas! la composition de ces corps n'était plus la même. Ce n'étaient plus ces superbes grenadiers à figure rébarbative, ces lestes, ces gais et vaillants voltigeurs; ces robustes troupiers du centre. On s'apercevait de la déchéance de l'armée d'Austerlitz. Le comte de Lobau, qui servait de truchement pour les commandements des manœuvres dictées par l'Empereur, lui dit, après la parade : « Parmi les régiments que Votre Majesté vient de passer en revue, deux seulement sont dignes de ce nom : le 14ᵉ et le 10ᵉ. »

L'armée de Waterloo fut aussi brave, aussi dévouée que celle d'Austerlitz, mais elle se montra moins habile dans ses manœuvres, moins preste dans ses mouvements, moins capable de résister à des efforts supérieurs. De là vint la défaite.

Notre 14ᵉ comptait de solides officiers dans

ses rangs : deux braves commandants, Sieyès
et Lacroix, le premier frère du célèbre abbé
de la Révolution, l'autre, qui ne manquait pas
d'une certaine affinité avec mon regretté commandant Stahl. Sieyès, Lacroix et le colonel
Bugeaud étaient inséparables. Je ne puis parler de tous les autres, ce serait trop long et
d'ailleurs la mémoire me serait infidèle, mais
je ne puis résister au plaisir de dire de Bugeaud toutes les qualités qui distinguaient cet
illustre colonel.

Le colonel Bugeaud. — Bugeaud était guerrier par essence, comme La Fontaine était fabu-
liste et conteur comme un pommier fait des
pommes, selon la gracieuse expression de
Mme de la Sablière. Dès son entrée aux Vélites
grenadiers, il se fit remarquer entre tous par
son zèle et ses progrès. Il saisit tout de suite
l'allure et l'esprit militaires, il s'assimila promptement le maniement des armes, les diverses
écoles de la théorie, il devina les grandes manœuvres. A peine fut-il officier, c'est-à-dire

après Austerlitz, que sa compagnie devint la plus belle, la mieux instruite de toutes celles du régiment.

Je ne connais pas d'états de services aussi beaux que les siens. Il avait obtenu tous ses grades sur les champs de bataille et par des actions d'éclat.

Son instruction première avait été fort négligée, mais il ne craignait pas de passer pour ignorant et recherchait toutes les occasions de s'instruire, allant même, pour savoir plus vite, jusqu'à poser des questions surprenantes de naïveté.

Je me rappelle qu'un jour de fête, à Orléans, jour de la fête de Saint-Louis, les officiers de la garnison avaient donné un bal aux dames de la ville, et vacances aux soldats, avec pleine liberté jusqu'à minuit.

Le colonel Bugeaud, qui présidait aux apprêts de la fête, me chargea d'aller faire un tour en ville pour surveiller nos troupiers.

En arrivant sur la place de la Pucelle, j'aperçus un attroupement tumultueux qui ne me présageait rien de bon. C'étaient M. le maire, dont le nom m'échappe, et M. le préfet Talleyrand qui, après avoir trop copieusement fêté la Saint-Louis, s'amusaient, pour faire de la popularité et du zèle en faveur des Bourbons, à prendre au collet voltigeurs et grenadiers et leur imposer de gré ou de force le cri de « Vive le roi ! » Nos troubadours, peu endurants de leur nature et furieux d'avoir été contraints de troquer leurs couleurs, s'amusèrent de leur côté, en guise de réplique, à calotter maire et préfet.

Peu satisfaits de ce traitement et de la leçon, ces messieurs coururent au colonel en s'écriant : « Quelle audace ! quelle incurie ! » — Bugeaud, ignorant le sens précis de ce dernier mot, se vit obligé, avant de répondre, d'en demander la signification.

Du reste, étudiant tous les jours de sa vie, s'entourant de maîtres partout où il lui était possible de s'en procurer, ou piochant seul avec ardeur lorsqu'il ne trouvait pas auprès de qui s'instruire. L'exaltation semblait naître en lui des peines qu'il se donnait. Mais la présence de l'ennemi ou du moindre danger lui rendait tout son sang-froid. Au fort de l'action ou de la bataille, c'était un Ney, un Masséna; comme prévoyance, il ressemblait à Soult. Comme Lannes, Bugeaud n'a jamais su se transformer en courtisan. Le duc de Montebello fut l'ami le plus fidèle de Napoléon; Bugeaud n'avait de vraie passion que pour la patrie. Mais tous ceux qui ont aimé Napoléon étaient des patriotes à toute épreuve. L'un et l'autre étaient un peu soldats incultes au début de leur carrière, mais que d'efforts pour élever leur instruction au niveau de leur génie!

Bugeaud eut du penchant pour Louis-Philippe, et surtout pour son malheureux fils le duc d'Orléans. Il avait eu de l'amour pour l'Empereur; mais, après lui, il crut devoir faire le sacrifice de ses affections à la patrie qui, pour lui, passait avant tout.

Son désintéressement, sa loyauté, sa bonté étaient extrêmes, sa probité au-dessus de tout. Il était philosophe, et en cette qualité, il

aimait à dire que pour se créer le vrai bonheur,
si tant est qu'on puisse le trouver en ce monde,
il faut avant tout établir son existence sur
l'honneur et la probité. — A cela, je lui répondais parfois que Sénèque l'avait dit avant lui,
et que personne encore n'était parvenu à
être assez bon maçon pour établir solide-
ment cet édifice instable : « Aidons-nous
toujours, répliquait-il, et laissons faire la destinée. »

Un ordre de l'Empereur revenant de l'île
d'Elbe prescrivait de placer les colonels par
rang d'ancienneté. Bugeaud avait été récemment promu à ce grade : nous tremblâmes de
le perdre. Aussitôt, trois pétitions, spontané-
ment rédigées par les officiers, par les sous-
officiers et par les soldats du 14ᵉ, suppliaient
l'Empereur de laisser Bugeaud à leur tête. Il
resta au régiment.

Armée des Alpes. — Le 14ᵉ fut désigné pour
faire partie de l'armée des Alpes, sous le com-

mandement du maréchal Suchet (1). Nous descendions des hauteurs de Jarsy-les-Bauges, vis-à-vis de l'Hôpital-sous-Conflans, en Savoie, quand nous fîmes la rencontre de Mgr le duc de Polignac que, par parenthèse, quelques mauvais plaisants prirent pour le futur Charles X. Il portait à la boutonnière la croix de Saint-Louis. Le colonel Bugeaud lui fit observer, avec tous les ménagements possibles, que nos soldats trouveraient peut-être cet insigne hors de saison et pourraient, à cause de lui, faire un mauvais parti au duc : « Vous n'auriez jamais dû quitter le vôtre, répartit le grand seigneur avec hauteur, et surtout n'être point ici. — J'estime qu'il est fort heureux pour vous, monsieur, que ce soit moi que vous ayez rencontré le premier *ici*, répondit froidement le colonel. Mais apprenez, prince, puisque

(1) L'auteur de ces mémoires a oublié de nous apprendre qu'il avait été promu *Membre de la Légion d'honneur* le 27 février 1815, et *capitaine* un mois après. Heureusement, nous retrouvons ces dates honorables consignées dans ses états de services.

L'éditeur.

vous paraissez l'ignorer, que, sans s'embarrasser des motifs ni des conséquences, on verra toujours Bugeaud, quand il entendra des voix impies implorer l'étranger, courir à la frontière — d'où vous venez probablement — sans regarder derrière lui, ne serait-ce qu'avec quatre hommes et un caporal. J'ai bien l'honneur de vous saluer! » Il laissa là M. de Polignac à la garde d'un brave lieutenant, nommé Ignard, avec recommandation de le traiter honorablement. Je ne sais ce que devint M. de Polignac, mais personne n'ignore en France qu'il ne fut point perdu, ni pour ses maîtres, ni pour leur catastrophe, à la suite des fameuses *ordonnances* de Charles X.

Ce qu'on sait moins, c'est la très ancienne petite guerre que le pavillon Marsan faisait à Louis XVIII, et les intrigues que la belle et remuante Mme du Cayla renouait sans cesse pour réconcilier le roi avec *frère Jacques* (comme Louis désignait familièrement son frère Charles). La cour étant très formaliste, voici les conventions qu'on adopta pour cette réconciliation. Je les ai lues je ne sais plus dans quel pamphlet de l'époque :

1° MONSIEUR entrera dans le cabinet du roi;

2° Pas un mot sur le passé;

3° Le roi demandera à Monsieur une prise de tabac que Charles (frère Jacques) lui offrira, la tabatière ouverte;

4° On parlera de la pluie et du beau temps;

5° Monsieur sortira après s'être approché du roi, qui lui tendra la main, laquelle main sera respectueusement et légèrement pressée par Monsieur. On continuera dès lors à se voir et à vivre comme le veulent la raison et la nature.

Ces stupides comédies ne se jouaient jamais au bénéfice du peuple.

Le lendemain de l'arrivée de notre régiment sur les bords de l'Isère, sous prétexte de se distraire, mais en réalité pour étudier notre futur champ de bataille, mon colonel partit pour la chasse et m'emmena avec lui. Il tuait à tous coups, selon son habitude, tandis que je

manquais souvent. Mais j'avais toujours, comme
tous les chasseurs depuis Nemrod jusqu'à M. de
Crac, une excuse à ma maladresse. Et le colonel en riait beaucoup.

Bientôt nous eûmes à franchir un large ruisseau. Le colonel était en bottes, et le voilà
dans l'embarras. Je lui proposai de le passer
sur mon dos. Il accepta sans façons. Mais lorsque nous fûmes au milieu du courant, ce fut
mon tour de rire. « Ah! colonel, lui dis-je en
m'arrêtant net, convenez que voici une belle
occasion pour moi de commander à mon tour
à celui sous les ordres de qui je me trouve
constamment placé. Eh! bien, pour une fois
je vais m'en passer la fantaisie. J'ai donc
l'honneur de vous signifier très humblement
que, vous tenant à ma discrétion, si vous ne
vous engagez pas solennellement à m'absoudre
la première fois que je mériterai les arrêts, —
et ce ne sera pas long, j'espère, — ma foi! je
vous fais prendre un bain tout habillé! » Et,
immobile, j'attendis la réponse.

Le colonel parut un instant réfléchir à ma

trop familière apostrophe, puis, riant sous cape : « Tu n'oserais pas, me dit-il ; n'importe, accordé ! » Mais nous ne fûmes pas plus tôt sur l'autre rive qu'il reprit gravement : « Si jamais quelqu'un a mérité les arrêts, et les plus forcés encore, convenez que c'est bien vous, illustre capitaine ! car je vous prends sur le fait : au mépris de toute loyauté, vous profitez de la détresse de votre colonel pour lui imposer des conditions... tyranniques, injustes et même, soit dit en passant, frisant un peu l'impertinence ! Eh ! bien, mon cher, nous voilà quittes : vous êtes gracié. Mais revenez-y !... Allons dîner ! J'ai assez vu le pays pour me croire en position d'offrir à ces messieurs les Tarteifles une brillante réception. Ils passeront par là, sûrement, et pour me venger de votre mauvais tour... je vous enverrai des premiers leur dire *bonjour* ! »

Je ne cite cette historiette que pour donner une idée de l'à-propos avec lequel Bugeaud saisissait le meilleur côté des choses.

Célèbre combat de l'Hôpital. — Le combat de

l'Hôpital-sous-Conflans (1) fut le dernier des prodiges de l'armée française. Il eut lieu dix jours après la bataille de Waterloo, le 28 juin 1815.

Le 14e avait pour mission de contenir les Autrichiens dans la vallée de l'Isère, afin de sauvegarder nos troupes de la Maurienne. Il fit mieux que de les contenir : il les battit !

Nous étions là mille deux cents Gaulois du 14e et cinq cents du 20e, comme les Grecs de Léonidas aux Thermopyles, contre une nuée de Teutons, contre le régiment de Robert-Piémontais et sept mille Autrichiens bien pourvus d'artillerie et de cavalerie, tandis que nous ne possédions, nous, ni l'une ni l'autre. C'était le poste d'honneur de l'armée des Alpes. Nous devions tous y périr, ou, enveloppés par le nombre, être faits prisonniers : nous en sortîmes victorieux, les menant battant toute une journée, faisant mordre la poussière à mille

(1) Aujourd'hui le hameau de l'Hôpital forme avec Conflans la petite ville d'Albertville, chef-lieu d'arrondissement de la Savoie.

cinq cents d'entre eux, leur prenant six cents hommes.

Les dispositions du colonel Bugeaud furent si habilement calculées que tout ce qu'il avait eu la bonté de me confier et de me prédire avant l'affaire arriva de point en point, *sauf* le fait de mon *bonjour!* à l'ennemi, qui ne fut qu'un *bonsoir!* comme on le verra bientôt.

Cette division ennemie était sous les ordres du général Trenck, fils de ce fameux baron qui passa les plus belles années de sa vie dans les prisons du Grand Frédéric pour avoir trop écouté son cœur, et peut-être sa vanité, à l'endroit de la sœur du roi de Prusse. Il s'était réfugié en France et porta sa tête sur l'échafaud révolutionnaire à Paris, place de la Révolution où son fils me dit avoir bivouaqué l'année précédente, en 1814.

Sur la fin de la journée, le commandant Lacroix m'avait envoyé en parlementaire auprès du général Trenck pour convenir avec lui d'un armistice et du jour et de l'heure de notre départ, car l'ennemi était las et nous aussi : on voyait qu'il en avait assez de se battre.

Le général Trenck me reçut très bien; il m'offrit même à boire à sa propre gourde, qui était d'une capacité fort respectable et qu'il paraissait affectionner particulièrement. Tout en me la présentant d'un air gracieux, franc et loyal, il cherchait à me prouver que notre résistance, quoique glorieuse, était inutile et sans profit, puisque nous ne pourrions jamais débusquer les Autrichiens, et que d'ailleurs Waterloo venait de tout terminer. Il ne nous restait donc plus, disait-il, qu'à nous retirer.

Il cherchait aussi à savoir le nombre des troupes qui lui étaient opposées depuis le soleil levé. « Vous êtes au moins huit à dix mille hommes, dit-il à plusieurs reprises, mais je ne puis deviner où vous avez bien pu cacher vos réserves, et c'est cela qui m'a empêché de vous mener plus rondement. » Je n'eus garde de le dissuader, ni de lui dévoiler le peu de monde par lequel il était depuis si longtemps mal-traité! Il est certain que si, malheureusement pour lui, il avait eu l'idée de faire passer une partie de son monde par le chemin que le colonel Bugeaud m'avait envoyé garder avec mes quatre-vingt-neuf hommes, nous lui aurions tué et pris d'un seul coup de filet une bonne partie de sa division. Mais le hasard l'avait favorisé en lui laissant suivre une autre voie qu'aucun stratégiste n'eût jamais songé à prendre.

Mon ultimatum, pour la conclusion de l'armistice, fut que nous ne partirions que le lendemain. Trenck l'accepta. On fit cesser le feu de part et d'autre, et dès le soir même nous battîmes prudemment en retraite et sans bruit, car nous avions une large vallée à franchir où l'artillerie et la cavalerie ennemie n'auraient pas manqué de nous assaillir avec succès.

Le combat de l'Hôpital fut pour Bugeaud une magnifique révélation de son génie guerrier. Ses habiles manœuvres décuplèrent nos forces aux yeux de l'ennemi.

Le 14ᵉ fit ce jour-là quantités d'actes de bravoure, d'adroites et fausses attaques qui trompaient l'ennemi en favorisant celles qui s'effectuaient vraiment d'un autre côté et qui firent merveille.

Tout nous réussit, et nous eûmes la satisfaction de savourer la douce mais bien insuffisante vengeance du désastre de Waterloo. Nous ne perdîmes que très peu de monde.

En revenant avec mes quelques hommes de l'expédition où l'on m'avait prescrit d'aller, le premier, dire *bonjour* aux Autrichiens, et où j'avais si bien masqué ma petite troupe pour leur faire un pont d'or, je rencontrai mon vaillant colonel et le brave commandant Lacroix. Ils m'embrassèrent comme on embrasse un ami que l'on a cru perdu sans espoir.

Mais il me faut bien dire maintenant comment je m'étais tiré d'affaire.

Je m'étais posté en embuscade dans une gorge où devait infailliblement passer l'ennemi, s'il avait eu, comme je l'ai déjà dit, le moindre sentiment de la stratégie de montagne. Cette gorge était traversée par un sentier assez large qu'auraient dû prendre en effet les colonnes d'attaque, d'autant plus volontiers qu'elle ne paraissait pas gardée. Les Autrichiens n'en eurent pas l'idée. Heureusement pour eux, ils suivirent les flancs de coteaux. Si l'ennemi eût su s'emparer du sentier où il ne me savait pas, — mais où je l'attendais, — il lui eût été facile de garder toute la vallée.

Mais cet avantage n'était pour lui qu'apparent, on le comprend, puisque dans la position où je les avais si parfaitement dissimulés, mes hommes auraient pu, dans un très court espace de temps, celui de charger et de tirer, et avant même d'être aperçus, tuer à l'ennemi une masse de monde.

Je me réjouissais d'avance de voir les Autrichiens mettre bas les armes dans cette souricière, lorsque, avec douleur, je les vis passant par les chemins impossibles dont je viens de parler.

Pour me tirer du mauvais pas où me mettait cette marche imprévue, qui m'isolait et me séparait de notre corps principal, je dirigeai rapidement ma retraite vers l'Isère, à pas de loup, et nous arrivâmes à deux cents mètres de la rivière sans avoir été aperçus.

La colonne autrichienne avançait toujours sans se défier de ce qui se passait sur ses derrières. Je fis, toujours sans bruit, coucher mes hommes parfaitement en ordre dans un champ d'avoine, et j'attendis l'occasion propice pour lui tomber dessus.

Un bataillon autrichien vint à passer près de nous, faisant face à l'Isère. Aussitôt je transmis à mes hommes l'ordre à voix basse de se lever tous à la fois à mon commandement, en poussant de grands cris, et de se précipiter, toujours en bon ordre, sur l'ennemi qu'on attaquerait à la baïonnette et en faisant feu à bout portant.

Il était aisé de prévoir que ce corps autrichien ne pouvait tarder à se trouver aux prises avec le commandant Lacroix, qui n'était pas loin. En effet, un moment après, il aurait fallu voir ces pauvres kaiserlicks pris en face par les hommes de Lacroix, poussés par derrière par les miens, rompre, se disperser, affolés de se trouver ainsi entre deux feux, en un clin d'œil se jeter dans la rivière dont les eaux heureusement pour eux étaient encore basses, ou se rendre à discrétion.

Je fus mis à l'ordre du jour de l'armée et proposé pour la croix d'*officier* de la Légion d'honneur (1).

Le colonel s'empressa de rendre compte au gouvernement provisoire de cette glorieuse affaire, mais hélas! à cette époque d'agitation, de dislocation, de vertige, nos Grecs du Bas-Empire ne songeaient guère aux défenseurs de la patrie.

RETOUR AU PAYS NATAL

Peu de jours après, je revis à Lyon le général Trenck, au moment du licenciement de l'armée de la Loire. Il m'apprit, d'après les lettres qu'il recevait du Midi, que j'aurais peine à atteindre le Gard sans danger pour ma vie. « Vous allez, me dit-il, retrouver de nou-

(1) Voir à la fin du volume : *États de services.*

veaux visages, des concitoyens fort animés contre les soldats de l'Empereur, prenez garde. » C'était en effet le temps où l'on assassinait Brune à Avignon, Ney, La Bédoyère à Paris. « Voulez-vous, me proposa-t-il enfin, prendre du service dans l'armée autrichienne? Je vous ferai donner une compagnie de Croates, et peut-être mieux. » Je refusai sans hésitation, et repartis pour ma ville natale.

Tout y était bouleversé, dans la plus vive effervescence. Je revis ma bonne mère, éplorée de tant de malheurs, mon frère et celle qui, la première, avait fait battre mon cœur (1). Je devins son époux, et elle fut pour moi, durant près de vingt-cinq ans, une abondante source de bonheur.

J'arrivai chez moi avec la maigre demi-solde de lieutenant, car la Restauration m'avait repris le grade de capitaine, — mais on disait alors que c'était le bon temps revenu, que la

(1) Cécile Verdier de Flaux, morte à Uzès, 1842.

France était la patrie du Trône et de l'Autel; on prodiguait au peuple messes, prônes, vêpres, etc..., sans oublier le repos du dimanche. et les Trestaillons assassinaient à Nîmes et à Uzès.

Après la révolution de Juillet, autant pour être utile à la cause du roi libéral que pour avoir droit plus tard à la retraite militaire, j'acceptai le commandement de la lieutenance de gendarmerie de l'arrondissement d'Uzès (29 novembre 1831). — Je l'occupai pendant près de dix ans à Uzès même.

Et maintenant qu'un immense vide s'est fait autour de moi, je demeure à peu près seul dans une maison de campagne dont la terrasse, exposée à l'est, me permet chaque jour de saluer le soleil levant; j'y revis mes vieux souvenirs, et, selon le conseil de Candide, je cultive mon jardin, dans un pays de soleil, peuplé d'oiseaux aux chants joyeux, attendant paisiblement l'éclaircissement du sombre mystère

de la mort, prochaine sans doute, mais qui n'a
rien d'effrayant pour moi : car j'ai vu, sur le
visage éteint de ma femme et de ma mère,
après leur dernier soupir, se refléter un rayon
de cette tranquille sérénité qui nous fait

> Lever les yeux vers ce monde invisible
> Où pour toujours nous nous réunissons (1).

et, sans y beaucoup comprendre, seul à seul
avec l'Être Suprême, je le prie avec la même
simplicité de cœur qui inspirait nos pères.

(1) BÉRANGER, *La bonne vieille*.

14e RÉGIMENT DE LIGNE

Services successifs de M. BILLON (François-Frédéric), né à Uzès (Gard), le 26 mars 1784, fils de François et de Marie Pagès

DÉSIGNATION des grades successifs.	DÉSIGNATION des corps dans lesquels il a servi.	DATES des promotions à chaque grade depuis son entrée au service.	DATES de la cessation du service dans chaque corps.	DURÉE du service dans chaque grade. ans.	mois.	jours.	CAMPAGNES correspondantes à chaque grade et à la durée du service dans chaque grade. ANNÉES	ARMÉES	Généraux en chef qui les commandaient.	ACTIONS D'ÉCLAT	OBSERVATIONS
Vélite	Chasseurs vélites de la garde.	1er thermidor an XII.	1er janvier 1807.	2	5	.	An XIII (11 mois). An XIV (2 ans). 1806.	Camp de Vincennes. Grande Armée	Maréchal Soult. Maréchal Bessières. Maréchal Lefebvre.	A la bataille de Tudela, il tourna l'aile droite de l'ennemi, qui fut forcé par cette manœuvre d'abandonner trois pièces d'artillerie ; s'empara du pont, qu'il passa à la tête de ses voltigeurs, poursuivant les fuyards. — Au siège de Saragosse, il s'empara avec sa compagnie de l'Université, bâtiments très forts, défendus par 500 hommes. Ce fait d'armes contribua beaucoup à la reddition de la ville, qui eut lieu deux jours après. — Au combat de l'Hôpital, le 26 juin 1815, il s'est particulièrement distingué. Il se trouva compromis avec sa compagnie et il fallut son intelligence et son énergie pour le tirer de ce mauvais pas. — Après cet événement il prit part à plusieurs charges à la baïonnette où il montra beaucoup d'intrépidité. Il fut cité avantageusement dans le rapport de ce combat mémorable. — Dans toutes les occasions, il a tenu la même conduite d'intelligence et de bravoure.	Cet officier n'a contracté aucun engagement de mariage pendant la durée de son service au régiment.
Chasseur	Chasseur à pied de la garde.	1er janvier 1807.	16 février 1807.	.	1	15	1807 (1 mois).	—	—		
Sous-lieutenant	14e régiment d'infanterie de ligne.	16 février 1807.	.	1	5	5	1807 (11 mois). 1808 (3 mois).	Grande Armée (4e corps). D'Espagne (5e corps.)	Maréchal Suchet. Maréchal Monery.		
Lieutenant	—	3 juillet 1808.	.	6	8	7	1808 (6 mois). 1809 (5 mois). 1809 (7 mois). 1810. 1811 (6 mois). 1811 (6 mois). 1812. 1813. 1815 (3 mois).	Prisonnier de guerre en Espagne. Prisonnier de guerre en Angleterre.			
Capitaine	—	28 mars 1815.	3 août 1815.	.	4	6	1815.	Armée des Alpes.	Maréchal Suchet.		
Membre de la Légion d'honneur	.	27 février 1815.	.	.	.	.					
Redevenu lieutenant en exécution de l'ordonnance du 3 août 1814.	.	3 août 1815.	16 septembre 1815	.	.	14					
Licencié, en exécution de l'ordonnance du 3 août, le 15 septembre 1815.											
TOTAL DES SERVICES ET CAMPAGNES......				11	1	27					

Certifié véritable par nous, membre du Conseil d'Administration, à Roanne, le 20 août 1815.

LE CAPITAINE, LECOMTE.   LE CHEF DE BATAILLON, PABLIEC.   LE CHEF DE BATAILLON, LACROIX   LE COLONEL PRÉSIDENT, BUGEAUD.

TABLE DES MATIÈRES

CHAPITRE III

CHAPITRE IV

CHAPITRE V

PARIS

TYPOGRAPHIE PLON-NOURRIT ET Cⁱᵉ

Rue Garancière, 8

1806